Missförstandet
误 解

失忆的年代长篇系列之二

Missförstandet
误 解

KJELL ESPMARK

[瑞典] 谢尔·埃斯普马克 著

万之 译

世纪出版集团 上海人民出版社

Glömskans tid

© KJELL ESPMARK 1989

ISBN 91-1-300698-3

1989 年瑞典北方出版社（Norstedts）第一版

中文版国际书号：XXXX

GLÖMSKAN

© KJELL ESPMARK 1987

ISBN 91-1-871772-1

1987 年瑞典北方出版社（Norstedts）第一版

中文版国际书号：XXXX

中文版序

这个小说系列包括七部比较短的长篇小说，形成贯穿现代社会的一个横截面。小说是从一个瑞典人的视角去观察的，但所呈现的图像在全世界都应该是有效的。人们应该记得，杰出的历史学家托尼·朱特最近还把我们的时代称为"遗忘的时代"。在世界各地很多地方都有人表达过相同的看法，从米兰·昆德拉一直到戈尔·维达尔：昆德拉揭示过占领捷克的前苏联当权者是如何抹杀他的祖国的历史，而维达尔把自己的祖国美国叫做"健忘症合众国"。但是，把这个重要现象当作一个系列长篇小说的主线，这大概还是第一次。

在《失忆的时代》里，作家转动着透镜聚焦，向我们展示这种情境，用的是讽刺漫画式的尖锐笔法——记忆在这里只有四个小时的长度。这意味着，昨天你在哪里工作今天你就不知道了；今天你是脑外科医生，昨天也许是汽车修理工。今天晚上已经没有人记得前一个夜晚是和谁在一起度过的。当你按一个门铃的时候，你会有疑问：开门的这个女人，会不会是我的太太？而站在她后面的孩子，会不会是我的孩子？这个系列几乎所有长篇小说里，都贯穿着再也找不到自己的亲人或情人的苦恼。

失忆是很适合政治权力的一种状态——也是指和经济活动纠缠在一起的那种权力——可谓如鱼得水。因为有了失忆，就没有什么昨天的法律和承诺还能限制今天的权力活动的空间。你再也不用对自己的行为承担责任——只要你成功地逃出了舆论的风暴四个小时，你就得救了。

这个系列的七部作品都可以单独成篇，也是对这个社会语境的七个不同的切入视角。第一个见证人——《失忆》中的主角——是一个负责教育的官僚，至少对这方面的灾难好像负有部分责任。第二个见证人是一个喜欢收买人心的报刊主编，好像对于文化方面的状况负有部分责任

（《误解》）。第三个见证人是一位母亲，为了两个儿子牺牲了一切；儿子们则要在社会中出人头地，还给母亲一个公道（《蔑视》）；第四位见证人是一个建筑工人，也是工人运动的化身，而他现在开始自我检讨，评价自己的运动正确与否（《忠诚》）。下一个声音则是一位被谋杀的首相，为我们提供了他本人作为政治家的生存状况的版本（《仇恨》）。随后的两个见证人，一个是年轻的金融巨头，对自己不负责任的经济活动做出描述（《复仇》），另一个则是备受打击被排斥在社会之外的妇女，为我们提供她在社会之外的生活状况的感受（《欢乐》）。

这个系列每部小说都是一幅个人肖像的细密刻画——但也能概括其生活的社会环境：好像一部社会史诗，浓缩在一个单独的、用尖锐笔触刻画的人物身上。这是那些伟大的现实主义作家如巴尔扎克曾经一度想实现的目标。但这个系列写作计划没有这样去复制社会现实的雄心，而只是想给社会做一次Ｘ光透视，展示一张现代人内心生活的图片——她展示人的焦虑不安、人的热情渴望、人的茫然失措，这些都能在我们眼前成为具体而感性的形象。其结果自然而然就是一部黑色喜剧。

这七个人物，每一个都会向你发起攻击，不仅试图说服你，也许还想欺骗你，就像但丁《神曲·地狱篇》中的那些人物。但是，这些小说里真正的主人公，穿过这个明显带有地狱色彩的社会的漫游者——其实还是你。

2012 年 9 月

译注：

托尼·朱特（Tony Judt，1948—2010）为英国历史学家，其代表作是《战后：1945 年来的欧洲史》。米兰·昆德拉（Milan Kundera，1929— ）为长期流亡法国的捷克作家，代表作有《生命中不能承受之轻》等。戈尔·维达尔（Gore Vidal，1925—2012）为美国作家，擅长创作当代历史小说。所谓"健忘症合众国"英文为 United States of Amnesia 和"美利坚合众国"United States of America 谐音押韵。

请原谅我，这么往后退缩。你刚才坐下来的时候，我没注意到，突然发现你这么近，真有点吃惊。别动啊，不用从我身边挪开啊！你误解我了。我只是有点吃惊。其实我很喜欢我们能坐得那么近，热气腾腾的皮肤就那么贴着热气腾腾的皮肤。就因为这个原因，在桑拿浴室里我可是惬意至极。我肯定是个寂寞孤独的人，周围各种关系刚被扯断，就被扔进这么个空旷的地方。不知道这是什么时候开始的，也不知道这是为什么。但是此地现在可成了我的避难所。你可以在蒸汽里到处瞥见裸露的身体，可以听见人说话又看不见面孔，在这浮动的雾气里可以得到拙朴的信任还有剥掉了伪装的问题，是啊，你可以活在一种大家都谦卑自在近近乎乎的状态，超脱了所有社交时空里的界限。大家都近近乎乎，一切都是现在。

这里没人知道我的身份。谁都可以坐到我旁边，不用保持一点我本来还期待的表示尊敬的距离，我也不清楚这是为什么。没有人会犹豫不决，谁都可以在我身边坐下，事实上还会皮肤碰着皮肤，但是没人会对我提什么要求。

其实我对自己都知之甚少，和他们一样。我只知道我是个很孤独的人，似乎是在这里，在桑拿浴室里这些热得发红的身体里，我才找到了一个家庭。在我记忆里，我的生活是让我良心不安的——但这也是一种没什么内容的良心。我的头脑里没有记录下一件我的过失，或者可能是我的罪行；脑子里剩下只有那一点点令人呕吐的蒸馏物。

无论怎么说，我的生活还是存在过的，或者更准确地说，生活的碎片还在，只要有人给我一个线索很快就能找到。其实只需要一个指责，一点意外的事件，或者一个突然的触摸——我就能几个瞬间里恍然大悟。就好像是真相大白。

我自己在孤独中也能读出点东西。在被刮掉的文字中还有一两个碎片，可以提供某些出发点。失去的东西其实也有一种形式。我的胳膊上有一种由渴望而带来的微痛，我渴望能搭在某个同事的肩膀上，一边沿着一条走廊慢慢走，一边亲密地商讨着未来几个小时内的工作方针。我对这项工作任务到底是什么其实一无所知，只是对围绕这一任务的伙伴关系有一种强烈的感觉。

但是失去的东西主要是以一种女人的形式出现——不是一个面孔或是身体，而是一种活生生的动力，是抵抗，是意念，是逆转急变，是感官刺激的一种旋风。我对我们的关系一无所知，也不知道在时间上它可以回溯多久。我只知道它让我难以忘怀牵肠挂肚，而且它也在我嘴唇上薄薄的皮肤里搏动。

在浴室里面与热气腾腾的身体的就近接触，就成为对失去的那种亲密关系的补偿。孤独寻找着其他的孤独，因为意外的触摸就会惊喜，享受着在光线里突然闪现的一块皮肤的光泽，而且在袅袅飘动的热汽里你觉得有低低的说话声，奇怪得令人不习惯，而心情却安定下来。人需要的就那么一丁点儿。能在自己裸露的身体旁边感觉到另一个人的存在，我就已经很知足了，也许有一瞬间我甚至会感觉到是她的热汗对应着我的热汗。

你有没有想过，在我们周围蒸腾的热汽里，既有女人的四肢，也有男人的身体吗？这不是很奇怪吗？我想，我曾经听说过在某种乡下人的环境里是有这种事情的。或者是在某些滑稽逗乐的公司聚会时也会出现这种情况。但是在这个地方，一切都是包括在正常规范里的。甚至没有人对我的有时不安分的性器官瞧上一眼。对了，有一两个男人会，但是那是老一套，很平常地瞧你一眼，这是测量一下你的尺寸，那是不可避免的自己心虚的比较。而我自己觉得还算是设备不差的。

你别以为这样公开裸体会让我觉得麻烦。正好相反，这里其实比我期望的还要好，或者说比我能够期待的还要好。这种不同性别之间的亲密实际上让我觉得像是在家里一样，是的，完全可以说是一个确定的住所，而不是一个临时的窝。

就我自己来说，也没什么可掩可藏的。我这么说可不是指这种外表的裸露。事实上我毫不反对人们通过那些通常的七窍或空隙窥视我的里面，能用目光跟随我的暴露无遗的心脏的律动，记录阴囊里的抖颤，搞清楚我的肋骨里面有什么东西，甚至骨盆里还隐藏着什么古怪玩意儿。实际上，我欢迎这样贴近的检查。不仅因为我没什么可隐瞒的，是个坦荡而心平气和的人，也因为我和那些严肃地搜查我的目光，和那些清醒地试探的手指，我们在价值观上是相同的。它们代表了一种新的健康观念，一种新的更加苛刻的诚实。

只要你不误解在我身体里面找到的东西就行，只要你看到的是我确实愿意成为的那一个我，而不是另外一个。归根结底是其他人来判断你是谁，来决定你是否外表歪斜不正，或者是信仰上又瘸又拐。是他们来决定你是否和他们同类或者不同类，你是死是活都是他们来做结论。如果他们把我归类为一个死人，这本身也并不让我困惑。但是这么来误判我是立论松散根据不足的，有点模棱两块黏黏糊糊的，让我非常恼火。那么这是一种侮辱，是我不能忍受的。

别误解我——这和地位是没任何关系的。我刚才有一种感觉，我本来是属于媒体这个圈子的，可能还是某家大报的主管。我想，这是因为刚才走过的那个络腮胡子的年轻人，他有点偷偷摸摸地但也是恶狠狠地看了我一眼，是一种憎恨的目光。我想，是他那种羞羞答答的敌意我似曾相识，让我追踪到我自己的过去。不过，有没有这样的地位其实和这件事也没什么关系。坐在周围的这些人是否了解我的地位，对我来说其实无关紧要，我可以漠不关心。相反，对我来说，重要的是他们怎么看约翰·弗莱色这个人，他到底是谁——对了，我还记得我的名字呢，我胳膊上的这个小牌子上有我的名字。重要的是他们怎么看**我**，**我**是谁，我拥护什么样的价值观，我和哪些人是团结一致的，而我不得不把谁当作敌人。

我有一种不舒服的感觉，就是说在这里面误解也越来越靠近你，而且比其他地方都要靠近。是不是因为蒸汽，因为突然的靠近或者热量，导致了我想法的错误，这就不用说了。但是这里面的自然法则在某种程度上可能是不一样的——可能它们容易导致误解。不同反应也是比较难以预见的。对那个年轻人的憎恨目光我就毫无准备。

其实连我也是有络腮胡子的。这点我还真忘记了，但是脸上的伤口发痒我用手去挠的时候，我注意到了我的胡子。不过这胡子表示其他的意义，和我说到的那个咄咄逼人的年轻人的络腮胡子性质不一样。他那种又蓬松又稀疏的胡子，可以配得上一件很知识分子味道的无领衬衫，一双耶稣式的皮带凉鞋，还有托洛茨基的观点。我上唇的胡子是精心修饰过的，更让人联想到一件驯马师的外套，一条熨得笔挺的裤子，颜色自然是和外套相配的，还有一双能从衣柜里拿出来的有足够青春气息的无带休闲鞋——虽然我有一种很不舒服的感觉，因为在这个地方没什么像样的更衣室。至于不同观点证明的区别，那可能只是虚构想象的。在我的身体里，我感觉到的是政治上信仰的虚无，很可以分类到所谓自由派的标签之下，但是更真实的分类标签无疑应该是无政府主义。无论如何，一种胡子也有它的社会学，在那位人士的观点来看，根据我的胡子可以把我放置到——阴错阳差地——属于敌人的地位。我自然不知道，我的胡子是不是也发灰变白了——这里面没有镜子——但是我想不是。感觉上还是一个比较年轻的人的很有力量的胡子。

这样的观察在我脑海里点亮了一种出乎意料的对照图像：一个年迈的老人，坐在轮椅上，下颚上只有了不到一公分长的黄色软毛。某些面包屑还粘在已经疲劳不堪的胡须根部，而晨衣的翻领上也沾满了鸡蛋和果酱的污迹。从睡裤下面钻出一对细脚，干瘦而发蓝，一只赤脚试图温暖另一只赤脚。这是一个已经风烛残年的老人，只等着随时会到来的再一次打击。他看着我，把手举起来，好像是我正高举着一个斧子朝他逼近。我明白了，这是我的父亲。

但是他的目光事实上并不像我料想的那样停留在我身上，而是紧紧盯住了我背后某个遥远的目标。他一刻不停地嘟嘟囔囔的嘴唇也有一个同样遥远的说话对象。从他的嘟囔中偶尔听清的个别字词里，我明白他说的是对遥远的一次风险投资造成的经济损失的诅咒。无法肯定的是他想要影响的是伦敦股市上的股票卖价，还是某些足球彩票涉及的某些球赛中球员们的动作。我无法把他放置在社会关系里去看，所以根本不理解他对那些遥远的账目往来的要求高低。唯一能辨别清楚的是这个憔悴不堪的人本身，他坐在这里，精神能否集中的状态和痉挛差不多了，还咬牙切齿思想紧张，要强迫那些遥远的球员们朝着他预想的能带来最好收益的方向努力。我本以为是举起来防备我的攻击的那只手，其实涉及一套诅咒动作系统，是一系列象征性处理方式的线索，是用瑞典人的方式来说服现实听从他的意愿。我根本就不在他的眼里。即使坐在半明半暗的走廊里，他还在努力把国际经济的线索链接起来，或者至少是把足球彩票赛事的进程也链接起来。不算他在短胡子和面包屑之间的勉强的微笑，好像他还是能记录下散乱零星的成功。

　　如果我们的胡子也有亲戚关系的话，那也是非常远的亲戚。

你肯定已经注意到，这里面的人说话语调是直截了当的，有时还极为粗野。而从外面进来的人可以立刻明白，这里有些插话既伤人又损人。在一定程度上，这是开放性不得不付出的代价。但是这里面见了鬼，真是在发生更加严重的事情。

你大概也听到了从左边那堆蒸汽里发出的叫喊——在我的名字后面跟随着一串咒骂，说的是什么革命党人还穿丝绸衬衣。这是暗指一种高级资产阶级家庭背景让我变得肆无忌惮，居然也敢发表要求人人平等的文字。我的出身听起来有贵族味道，这和我为之辩护的社会主义者倾向的公正正义是无法调和在一起的。你听，对上流阶级人士敢在同等条件下玩这个游戏的嘲弄和辱骂也来了。这也是一种折磨人的误解。

我什么都不需要记住就能够为我自己辩护了。读读那份指控本身就能做得很好了。"高级资产阶级"这个词就已经说明问题。奇怪的是这个词实际上联系到一把椅子，一个有曲线的白灰色椅背，一个磨损的淡褐色皮坐垫，而某个孩子刚从椅子上面爬下来，躲起来不想让人看见，为的是在父亲暧昧不明的烟草香味里多停留一会儿。不对，这里还有更多椅子，可能是十几把椅子围着一个边缘稍微碰出缺口的餐桌，而且是在一个相当大的房间里，窗户对着一个大约是长着桦树的山坡，还能看见一个湖的零散波光。很明显这是个贵族庄园。而父亲沿着长长的墙壁来回踱步，手里还拿着餐巾，和某个看不见的人在辩论，说的是一跌再跌的木材价格，以及最近在锯木场的投资风险。突然间他看见了我。他肯定认为我是在刺探他的情况。他的脸变得越来越僵硬，有点扭曲，而且还往腰间摸索。是不是心脏病发作了；他看上去真的被压垮了。不对，他的手抓住了皮带上的带扣，他已经抽出了一点皮带来。是惩罚到来了。

这都是在"高级资产阶级"这个词里，或者更正确地说，是在这个词和我的生活之间的张力之间，而且还有更多东西。人们不能理解的是，这个上流阶级在我家这种情况下完全是被挖空了的东西：午餐总是炒麦片粥，我们不得不接待客人的时候才吃带脊骨的小鹿肉——这时是不给孩子们吃的。对这个词汇包含什么样的社会经验人们也毫无概念：佃农们厨房里的气味，和村庄里的流鼻涕小孩子们的游戏，马丁的母亲在抽拉式沙发垫上久卧不起拖了一个月又一个月才死。难道我没有权力用工人们的口气来说话吗？

我自然什么都不记得了，但无论如何还是知道，一点一点渐渐地知道。我的生活是我编造出来的吗？要是那样的话，你说的过去就成了我前面的生活，是一种还空白的等待着的沉默，其中已经有很长的一段可以在逻辑的帮助下得到一种内容。比如说，我肯定和这个已经把皮带拉出一半的父亲决裂过。我可以提出一个先决条件，拒绝接管这个公司，不再继续经营这个歪脚跛行的企业。又过了很长时间，经过很多的争吵和逃避的尝试，然后是比较合理的一个部分的妥协，那时我有这个博士学位指环可以拿出来给他们看了。这个指环上的文字有点暗示性，但是在某种形式上又让人感到陌生。学的科目突然变得清晰起来——我通过的是政治学博士答辩，但很可能不是在国内这边完成答辩的。很可能是一个国际性的问题，使父亲和他的事业都能落实；当我转动这个指环的时候，我大致明白，我是用一种外国语完成政治学博士答辩的。

不过，这样一种生活方式自然还会包括长期的国外留学旅行：法国、意大利、英国，或许还有较长一段时间是在德国留学。最后这个国家在我头脑里带动起了一个没有什么内容的图像漩涡。肯定是那些动荡不安的年份留下了某种恐怖感，但是没有更清楚的识别记号。不过我还是把这些很有特权的旅行看作一种其实不够档次让我羞耻的旅行，算不上真正的旅行。我有没有写过一本来自某个中国乡村的报告？这本书能让我们自己的生活方式成为更明显凸出的可耻浮雕。我谈到这件事情的时候，能看到一道风景，那里每一把黄土，每一座透明的山峦，每一块滴水的云朵，都是用手创作出来的。在这样一道风景里人的意义比我们在俗不可耐的西方世界里要大得多。这里连一座高楼大厦都没有，那种为了吓唬人而耸立起来的高楼。每个社会等级都已经消灭；在每个人的胸膛里都有太阳。从乡村学校的窗户里传来的是：儿童们跟着老师念的古老的琅琅读书声。如果他们学的东西少，那么作为交换，他们是用皮肤来学习的。这里创造的是终极的人类——未来就在那粗糙的黑板上。除此之外，一切都是宁静的。没有一只鸟，一切都是在倾听集体的充满爱情的严肃的导演。要知道：这里不是说你或说我，这里说的是公社的幸福。连呼吸都是要有立场的。还有赤脚的记者在田里干活干得筋疲力尽，让自己得到群众的教育，学会土地的智慧，这样就能成功地教会很多人自己写出报纸来。在这个村子里，这个全世界的微笑的中心，一切突然都成为可能的了。

当这些遥远的风土人情在眼前实实在在出现的时候，我的同时代的苦闷也得到可以感觉的形象，成为穿过一个百万人大城市里巨大人群的一次旅行，我混迹在轻飘得像是打谷机粉碎的稻草那样的生物中间；可能是孟买或者加尔各答。乞丐儿童们吊在你的裤脚管上，不，其实吊在我的内心，还在你肠子里磨损你。前后这两种对比的图景还不能够决定我的答案吗？不是我让我们这个世界角落的人真正看到了那个亚洲的场景吗？不是我把绵羊和山羊区别开了吗？而首要的问题是：不是我让大家看清了我们的罪责吗？

我没有什么办法来全面地看我的生活，不过我还是足够满意，把这点看作我真正的贡献，已经比所有出色的社论都重要，也超过了所有陌生大师们的精彩导言，超过了我们自己的尚未被人赏识的天才中间令人惊讶的发现。我的意思也是说我对一种共同的良知的贡献，一种新的、世俗化的良知。当然我自己记不住到底我贡献了什么，或者这是什么时候发生的事情，或者这是以什么样的形式。从另一方面来看，从我谈起这件事时能感到的那种满足，我就知道我是深深参与的。合情合理地说，我的报纸在这件事情的前后关联中也发挥了非常重要的作用。

说到"良知"，我的意思当然不是指和基督教那些概念相同的东西。我确信，宗教和专制都会同意这类的权威控制，也是那本俄罗斯小说里谈到过的，我忘记了小说作家的名字，但是敢肯定书名是个年份。在小说里，人在自己家里也总是被一个随意飞翔的眼睛监视，而这是谁都不敢看的眼睛。至于眼下在每个角落里跟踪你的是上帝的眼睛，还是秘密警察的眼睛，这我记不得了——而且也已经是次要的事情了。决定性的是，那总是跟踪你的目光属于一个可以说是良知的更高层次，你自己只想逃避它却无能为力。在我们的自由社会里，没有这样琐细平常的监视。你自己瞧瞧周围，在这个桑拿浴室里，你能找到什么摄像头吗？这里飘浮的蒸汽就已经让这种监视非常困难了。但首先是这样做多余而没有必要。这里没有人需要检查，或者需要强迫什么别的人来检查。你能看到这里有什么人在碰别的人吗？

我称为良知的东西，在更加合格的意义上，就是一种共同的创造——这我看得很清楚——它能分布到我们这些坐在长木凳的每个人中间。我既把这当作一种从属性，又看成是一种限制性，既是一种自由选择的忠诚而同时也是对于那些自私自利的冲动的冷酷限制，是的，甚至就是那种禁止你前进的路杆，阻止那种想比别人多进一步多知道一点的愿望。你自己看看，在我们周围的空气里所有这些一样厉害势均力敌的眼睛吧，它们总是不断跟随我们。而且你自己会感觉到，要是我们有一瞬间离开了这种集体，那你的皮肤肯定会如何做出反应的，一定是带着鸡皮疙瘩不寒而栗。在我们的脑后，你会听到这种连续不断的嗡嗡的说话声，好像是出自一个扭低了音量的收音机里的说话声，这种声音你肯定也体验过的，它既是好意，又是安全的引导。但是所有这一切也是我们自己的一个组成部分，是我们每个人自由选择的，是我们每一个不愿意站在局外的人。

结果你当然知道。很多过去需要法律和秩序的东西现在都是自己来调控。很多不该说的东西你就不能说了，因为感觉舌头被封锁住了。而很多不该看的东西现在就看不到了，很简单就是因为眼睛在那个关键时刻自己变得昏暗不明了。在一大堆不相干的信息里，在本来没有必要但又坚持要做出的决定的吼叫声里，我们的共同性会帮助我们做出一个选择。而那个选错的人，那个一瞬间以一种私人方式进入的人，会立刻感觉到难以忍受的羞耻。围绕着你的目光会收紧，而声音会锋利尖锐，你的恶心感就会涌上来。那些不能说但还是沾在你舌尖和嘴皮子上的词汇，又得放回到不能说的话匣子里。

当我说到那些跟踪你的眼睛，那些用他们的期待来引导你的眼睛，在我眼前出现一个巨大的老式厨房，有一种减弱而且带绿色斑点的光线渗透进来，照在低矮的大理石洗碗台上。这不可能是一种记忆。这更像是我试图点明我说的那些"眼睛"里的字典意义上的内容。一个胳膊粗壮的女厨子在桌子边揉面，一边还在训斥一个没把什么东西赶快拿来的姑娘，我不知道那是什么东西，可能是肉桂皮或者是更多面粉。这是一个丰满肥胖的女人，肯定是我的妈妈，尽管我都认不出来了。她拿着一把剪羊毛的大剪子站在我面前，以一种审判的姿态打量我。在她旁边站着一个瘦得多的女人，但两人长得很像，肯定是她的姐妹，而此刻肯定扮演一个告状人的角色。她不停地说话，还朝我这边点头示意。我穿着短裤，能听见我的膝盖发抖互相碰撞的声音。我干了什么坏事呢？我为什么要受惩罚呢？在我最终想清楚这个问题之前，剪刀就已经剪下了我一只手的很大一块。我在感到困惑的一两秒之后，才感觉到了疼痛。我大叫一声提起了被剪断的手臂。它没流血，显然也没有人等着它流血；这是正常的。慢慢地我才明白，有人对我说话。我没有注意。我伸出这只手，不清楚是为了去摸我母亲的脸，还是为了去拿一块糖，但是不管怎么样，我没有注意围绕着我的眼睛，没有考虑它们要我做什么。我就是不想落在这种境地里！也没有人能禁止我。在一种被抛弃和疯狂的混杂心情中，我冲进母亲的怀抱里。等我明白眼前是剪刀的闪光的时候已经太晚了，剪刀已经剪掉了我的一块脸颊。我不由后退看着。女厨子和那个女佣人都垂着手站在那里，都绷着脸尽力不要笑出声来。在她们身后那个大烤炉旁边，缩着庄院里的那个长工。那只永远不变的帽子他已经摘了下来，然后他下了个结论：——这孩子真的得给点教训。他说话的时候，沾了烟草末的嘴唇边还上下抽动。我是得给点教训。我必须活在围绕我的眼睛中间。在这些眼睛里有法律，不对，还有超过法律的东西。我很绝望，注意到母亲已经走开了，后面跟着她的妹妹，像她的尾巴一样的，后者只转头给我投来一个胜利的目光：——你接受教训吧！

我当然接受了教训。到处都有眼睛，在窗户玻璃里，在墙板上那种木头疤痕里，甚至在空气里。我必须做人家期待我做的那些事。一直有低低的声音对我说，要根据教义问答里的选词来纠正自己的说法。这是在半空中的低低的声音。我得接受教训。

是不是我说起过"字典意义上的内容"？显然是"眼

睛"这个概念的比较古老的意义，在这个和记忆相似的情境里变得有现实性了。我问自己，在眼睛世界里的这种残忍而且有权威性的创始意义，怎么能够在今天的使用中被更换，用在限制人又领导人的同志式规范里。我真的不知道这是怎么回事，但是我有一种明确的感觉，也就是说我——也是我的报纸——在这种语境中起了重要的作用。

在刚才那种图景里，我对其做出反应的自然是那个野蛮的截肢动作，这是我们所有在这浴室里面的人身上都留有痕迹的。相对来说我最不愿意删掉创痛本身——如果不是在早年就警告过你，那谁能注意到这种事情？不正是在成年之后，我们才能明白这些一直不断监视着你的眼睛。一个孩子需要更清楚的信号，而不需要接触那些实质性的事情。只要把面孔绷紧，让一种让人冰冷的孤独在一瞬间扫过整个房间，这就足够了。而最终不是责罚鞭打让我生了病，而是这个厨房里那些目光里带有的宗教色彩让我恶心。在这幅图景里有一种令人不愉快的新教特色。现在这种特色已经完全去掉了，而我想我在这方面作出的贡献也是不小的。

但是，你也知道，警觉性还是存在的，而我想说这是件幸运的事情。也许我要说得更精确：原则上是幸运的。因为善良的状态总有它的代价——那就是我刚才提到的羞耻。你不管怎样得接受它。用一种完全不同的方式看，它也是有用的，比这样的剪坏的手或者剪碎的面颊好。当你要离开大家都同意的道路的时候，这是一个非常有价值的警告信号。一个更高的代价是你完全被遗留在集体的领域之外。所有我做的事情都必须由其他人来解释，而他们不是和我本人一样的阅读艺术大师；如果我这么要求，也是不民主的。当他们看到和我看的不一样的东西，当他们听到和我说的不一样的东西，然后出自我们共同的法典来判断这种恶意曲解，那受到的牵累就比其他事情更加严重，就因为我们在敏感的信任中把自己交给了集体。

地狱就是被误解。

因此我很高兴你来了。你是我必须想办法说服的人。你听我说，我就能一个论点一个论点把我自己解脱出来，解脱出看来我陷入的这个让人恶心的误解纠纷。也许我能在你的帮助下，为自己被这些莫名其妙的恶意曲解否定的生活平反，创造出那种误解拒绝给我的人格空间，是的，和刚才那些人的辱骂针锋相对，我就能展示我的生活其实是真正的生活。

我说的平反不是什么赔偿。你别以为我是想追回什么失去的东西。你别以为我有一时一刻会为了那通常的失忆而苦恼。不，所有那些只留下碎片一样的文件的人，所有那些用这样或那样方式还总是妄想重新构建某些失去的东西的人，我都极度蔑视。那些搞会计做账的，挨家挨户敲门查访的，还有什么咨询人员，夹着惨不忍睹的公文包手提箱不离身，还把它叫做记忆！还要借助什么汽车废票、发黄了的学校成绩单、油腻的餐馆账单等等，潦草胡乱地尝试重新建立某些他们叫做过去的其实早已毫无意义的残迹！真他妈的！

我对这种"过去"一点兴趣都没有，为了自己着想而召回某些利益，这种想法也是荒诞透顶的。有些这样的事和此时此地的你有关，而有些这样的事却无关。能够引起我好奇心的，对我的生活有点意义的，就是现在，就是当下，那才是要紧的。是否存在什么东西叫做过去——或者说不存在——这完全是一个学术性问题。

基本上我拒绝接受那种分法，把时代分为一个过去、一个现在和一个将来。要是根据这双骨骼粗大静脉曲张的脚来判断，那我就是个上了年纪的人，一个早已经退休的人。换句话说，我不再领导这份我赋予了很多现代面目的报纸。不过这是不对头的，这和我自己明确无误的感觉是对不上的，我的感觉是我依然控制和占据报纸版面。我完全肯定，我的话依然在社论和文化栏目里闪烁光彩。而最重要的是，在我挥舞网球拍的肌肉里，在我搏动的太阳穴里，在我冲动的下身里，我能感觉到我还是个年轻人，对女人和工作都还充满胃口。很可能是语言在捉弄我们，诱骗我们去相信年代顺序的区分，而这种区分和我们的身体和感官所知道的其实是抵触的。

你当然可以说，我在用文学手段编造我的生活。挖掘过去的生活不会让我觉得有趣。只要我呼吸而空气存在，我行走而碎石小径就在我的脚下，我说话而我与某个人的真我在一起。但是我需要幻想的出发点，需要脚印或血迹或味道，一些能让思想活动起来的东西，就像一群猎犬。但是要注意：这些猎犬不是追猎什么失去的东西，它们追的是它们还没看到的东西。可能我恰恰就是需要误解才能继续前进。我在这些误解中阅读，就在我对那些解释中的虚假感到恶心和愤怒之中，我的一段生活就能获得形象展现。是的，甚至在疯狂中我也能得到立足点，为了建立几平方米的真正存在。

但是，要做到这一点，我必须有听众，需要某些人能够使得我说的话成为真实的。所以我很高兴你来了。

我不知道，你想象的一个好地狱是什么样子。你可能会想到一个苦修的地方，好像一个燃烧着火的虐待室，或者一个半明半暗的影子国度，或者可能只是在一个调头而去的上帝背后留下的冰冷的失落点，无论如何，是死亡之外的一个折磨人的地方，和我们在世俗生活中的行为表现是一致的。不过，也许你想象的是完全不同的事情。也许在你的眼睛里，地狱是以一种非常逻辑的关系插入到我们日常生活中的，是比其他任何东西都更让我们害怕的，同时我们又毫不怀疑地在词语和行为里为这个地狱工作。你的意思是不是说，我们没有看到这一点，就在我们的平常而琐碎的存在中建立了我们自己的地狱，而正是这个地狱是我们活该得到的。

这个想法是很有吸引力的，但是在我看来，我必须反对。我怎么就活该接受所有这些误解呢？我对这些误解根本没什么确定的记忆，但它们总是拖累着我，像湿疹一样发痒。我猜想你的回答是：如果在罪行和惩罚之间确实有一种理性的关联，那一定是我们不可达到的关联。在不可原谅的行为及其永恒不变的惩处之间的一种自然关系，应该意味着在痛苦折磨上有一点智力性的缓解，一种诊断的悖论性的安慰。一切都是停留在猜想、怀疑和曲解中，而不是其他方面。你感觉在可及范围内得到了说明解释，虽然你不理解它，这种感觉本身对于这个无价值的圈子来说合情合理是基本的。

我知道的是，地狱是一种狂妄错误的逻辑，而这逻辑正可能是我们自己努力尝试得出合理结论而滋生出来的。

从另一方面来看，也几乎没有什么特别的图解方式。有一种大抵上是古典的想法，认为有个让一切变得黑暗的轴在不断逼近一个点，在那里所有你能想象的恐惧和痛苦都容纳在一个拇指指甲盖上，但这种想法只是不断加深的绝望构成的一种图像。事实上，没有什么比这个桑拿浴室还要更壮观的东西我能给你看了。或者你曾经希望我能带你去做一次道德伦理的探险旅行？要是这里也能招待我们做一次教化意义的旅行冒险，要是能在某种明智的意义上，我能越来越深地进入这个至少是**我的地狱**，那么这样一种漫游本应该具有越来越紧张的故事的特性，一种穿过词汇圆圈的不知不觉但冷酷无情的前进，这些圆圈里有越来越多的好戏可看。而驱使我们继续前进的——难道不可能就是那些连续不断的，或许也是越来越可怕的误解？

我不明白的是，那边蒸汽里的质问者是如何找到他们能下嘴用牙齿咬的东西的。他们从哪里得到的信息？就是说，他们要拿出来的一切其实也都是无稽之谈，但是在他们的误解里面还是有足够多的实质性的东西，能让我区别裂缝是在哪里出现，而正确的版本又是潜藏在什么地方。就在所有人的失忆症之中，他们怎么能够得到这么多的实质性的东西？是在我的脸上，在我的讲话和我的动作中有他们可以读到的痕迹吗？那种像是圣人身上的伤痕，能作为一种文本为他们打开，而我自己则对这件事情却毫无知觉？

自然如此！我不是感到羞愧吗，一直羞愧得无地自容却记不清楚是为了什么。而他们能在我的羞耻中读出东西来，而且能解释，还认为他们能看到，比如说他们刚才还归罪于我的那些让我尴尬的特权。我的不安的良心是深切真实的。他们读到了我身上真实的一面——而他们从中得出什么东西则是偏离常规的，充满矛盾的。

而我因为自己的羞耻而辗转反侧的时候，会看到完全不同的东西。最主要的是我为自己没有被关到集中营里而感到羞愧，为没有公平地分享到很多我们这个时代的最高贵的人物遭遇到的厄运而感到羞愧。**这是我最大的羞耻。**当我在羞耻中翻阅的时候，有很多事就更清楚了。

首先是我该怎么尝试补救。"补救"——这个词本身听起来就像一个鸟朝着窗户撞过来，在掉下去之前还来得及用翅膀像锉刀一样打击一下窗玻璃。突然间我知道了谁是我的妻子，所有这些我必定一眼看穿或者全力以赴地去马马虎虎阅读的女人中间，她是唯一的真正对我有意义的。她的面孔必定是瘦削的，就和鸟一样，从野兽之国的某个地方她受到威胁的巢穴里一刹那间逃入我的怀抱。好像一个小小的犹太女人，让我裹在外套里走过那些穿黑制服的人，或者是当运输难民们的船接近港口的时候我焦急不安地在码头上等待，不管怎么说她是用这样或那样的方法成功地逃出了死亡之国。

我可以想象她有一张依然还是消瘦的脸，有抿得紧紧的薄嘴唇，过大的轻轻弯曲的眼睛，以及要把她摇晃得粉碎的咳嗽。当我抓住她的手的时候，那手也是很潮湿的，我因为感觉不舒服而缩回来，但是控制着自己，带着无法描述的不安良心。而我爱这双潮湿的冰凉的手。在她的眼睛里有一种强烈的恐惧，强烈但是又能抑制得住。但是，在那里最主要的是还有无边无际的阅历。在那双大大的、饥饿的瞳孔里浓缩着的是一个民族的命运。

她很瘦小，羸弱，却完全比我优越，不仅是一个大师级的小提琴家，前途无量，全世界都有成功在等着她，不仅如此，首先也是因为她道德上的优越。她是那种巴比伦塔倒塌而妇女们全都被释放掉的时候也在场的人，是个曾经出生入死的人，而我却生活安稳。

但是在爱情上她是一点不羸弱的。当我想到她如何靠近我的时候，就好像看见一堆篝火里有一根树枝因为炽热而弯曲，而且向我弯曲。而这根树枝比我所知道的任何其他东西都更强更热。

我能看见，我们有两个孩子，眼睛黑黑神情安详，在出生之前就已经学到了关于这个世界的太多东西。对于不时地通过他们身上的黑暗的诱惑力，他们好像几乎没什么力量可以抗衡。

我妻子和我孩子的图像都受到一种奇怪方式的威胁。那个我能感知到的广大真空是不是从我把她抽离出来的黑暗王国中滋长出来，或者是其他力量在起作用，这点我不太清楚。我能够清楚地感知到的只是那种模糊的威胁，就像有关一次洪水的流言，或者是一个无尽黑夜的凶兆。我也同样清楚地感觉到，我必须时时刻刻保卫她的图像。

我右胳膊上这个磨损的数字残迹肯定构成我这种尝试的一条线索。我把她的囚号复制在我自己的皮肤上——或者，更有可能的是——我复制的是前一个号码。很自然，她再也无法忍受那个不可磨灭的集中营标记，而我要表示和她患难与共的情感。现在这个号码就能帮助我在心里保留她的犹太人的特征。

他们谈什么我的特权，完全想不到我是如何利用这种方式来寻找到牺牲者，让他们分享我的生活，让他们做审判我的法官。当我谈到平等的时候，我的话其实有更大的价值，而不仅仅是金钱意义上的平等。这可是真正的有福同享有难同当。在那种迫使我一而再、再而三地鞭笞自己的羞耻中的真情实感，他们不会理解。

他们看不到的是，我在这出戏里实际上有两个完全分开的角色。我坐在离开前还要喝最后一杯茶的柳波芙·安德烈耶夫娜旁边。箱子已经摆放整齐，马车已经拉到了门口，车窗依然很脏，而很快将要来的，很快必定来的，就像压抑人的雷电的闷热一样悬在空中。但是我一边悄声无息地坐在房子里，这座房子是用同等部分的怀旧和管理不善组合在一起的，一边又站在屋子外面的樱桃园里举起了斧子。斧子砍伐的声音突然穿过了岁月发出回声，而那是我的砍伐，其中的热情则可以称之为对公正的渴望。在同一时刻，我既是这个没落的贵族庄园里最后的人物之一，又是一个对着我自己的存在挥舞斧子砍伐的人。要是你愿意，可以把这个叫做矛盾，一种个性上的裂缝。在这样的情况下，这种裂缝就是我生命里一切真正而且体面的东西的符号。

可你别碰我呀！别碰我，见鬼去吧！不，我不是对你说话，我是对我左边这个女人说话。她顺着我的后背往下摸。而且也不是什么色情挑逗——要是那样我倒不好阻止她了。她是摸我的一个伤疤，一条沿着脊椎的长伤疤，从这里朝下往屁股的方向。事实上我都把它忘了。你能看到吗，这伤疤什么样子？是不是既红又白的？我能想象会有伤口缝合线留下的小白点。无论如何，我这边的邻座是想用手指在我伤口里读出点东西来，这伤口肯定有点戏剧性的事情可说的。这可能是椎间盘突出手术，大约是在第四腰椎这个地方。从伤口愈合的感觉来看，这可能已经是四分之一世纪前的事情了。不过那个时候，这样开刀还是非常危险的。我能让自己进入这样危险的生命赌博，一定是我的情况非常糟糕，可能是百分之百瘫痪了，就是床单着火我都没有可能逃脱出去了。我能看到的这个唯一图景可能也是编造出来的——这是从手术台上的角度来看的，我依然还是背朝天肚子朝下俯卧在手术台上，被吗啡弄得晕晕乎乎，我能看见的是一个盛着血和排泄物的桶，乱七八糟一大堆，正中间则是像蛋黄一样的东西。

差不多就是这样，这女人是想从我的伤疤里读出什么东西来。她太想知道我的不幸我的灾难了。不，她听不到我们的话。我斥退她的时候，她就沉入到压抑的思考中去了，这可能是她正常的状态。不过，她沿着我的脊椎抚摸，可不仅仅是一种反复无常的好奇心而已。是不是其他人的伤疤本身就是我们最重要的信息来源？我们互相触摸长好的伤口，做出解释，再把知识的碎片凑成一种概览，而在一切都回到平常状况之前，在幸运的情况下，我们还能够保持这种概览几个小时。她就是在一个大胆的瞬间想伸手摸到对我的这样一种概览。我真的很惭愧，因为我阻止了她。

这个想法让我突然醒悟到，语言本身是充满伤痕的，充满暴力和背叛和失败留下的痕迹，而我们无意识地去抚摸它们，阅读它们，这些伤痕使我们有可能为自己找到方向，而我们自己可能还没有注意到，这些伤痕一方面把我们的罪行和伤害存入档案，同时又是出售我们继续前进的道路标志。但是，要怎么读一个伤疤才是正确的呢？

译注：

根据作者解释，本书提到的以年代为书名的"那本俄罗斯小说"，暗指美国作家乔治·奥威尔的《1984》，而不是苏联作家索尔仁尼琴的小说《1914年八月》或《1917年三月》等，但说话人记忆有误而以为是俄罗斯小说。本节提到有关中国山村的报告当然是影射瑞典左派作家扬·缪道尔（Jan Myrdal, 1927— ）于1963年发表的《来自一个中国山村的报告》，缪道尔在中国文化大革命中曾受到毛泽东接见，近年曾获南开大学荣誉博士学位；柳波芙·安德烈耶夫娜（Liubov Andrejevna）是俄罗斯作家、戏剧家契诃夫著名戏剧《樱桃园》的女主人公，没落贵族阶级的代表人物，家产樱桃园出售，搬家最后一天还举办舞会，所以此处说喝最后一杯茶。而买下樱桃园的新兴资产阶级陆伯兴则在院子里挥舞斧子砍树。

他们现在用手指挠的那个半愈合的伤口是什么？那种兴奋刺激倒是很明显的。你就听听他们在那边的蒸汽里怎么简单快速地找到词汇，还有那种音调："变化多端！""机会主义！"人们随手可用的就是这些词汇，用来对付那个一而再、再而三要背离自己的生活的人，因为他坚决要选择另外一种生活，一种更加公正的生活，一种更加真实的生活。好像是他们接受了我对自己工作中的真相的辩护，只是因为他们可以更容易来搞我。

我在全身都能感觉到一种渴望，渴望尝试一切，不要停止，不要让我成为化石，而是要一次又一次从眼睛上刮掉石化的眼帘，把四肢从抓住它们的石墙里再挣脱开——就好像你在零下十度的严寒中无意舔了滑冰场边上的护网柱，舌头就被冻住，因此必须把舌头缩回脱开——一切都

是为了继续做另外一个人，而不是刚才这个人，要比刚才
更加真实，要比刚才更加年轻。而这就是他们说的"变化
多端"！

我相信，我的生活是一系列的苏醒。我突然退缩一
点，看看我自己是谁——而且感觉到不可忍受的羞耻。于
是我就从我以为是我的生活中走出来，再走进我的真正的
生活中。这个瞬间可以和一次高度寒冷空间中的音乐体验
相提并论。也许这是巴赫的圣诞清唱剧；这个地方可能是
大教堂，但还有圣母院的特点——我肯定在什么地方写过
这种时刻。不管怎么说吧，发生这种情况的时候，我是坐
在一条磨损而黑色的教堂长凳上，长凳已经有了令人头疼
的木头气味。唱诗班在增强，声浪一浪高过一浪，号角也
加入进来，互相挤兑着往上爬，越来越高，越来越高！于
是一切都通明透亮。没有一个词，没有一点思想，我知道
我是谁了，我知道自己要什么，我知道我必须进入什么。
我身处的教堂对另一个人只是一个没有什么帮助的标志，
对我却是提出要求的世俗化圣物。我进入这个空间，进入
这些巨大支柱之间，把我的肋骨和它不断增长的拱顶融合
在一起，把我的搏动的心脏放在已经被将来的所有脚步磨
平的地板里，把我的呼吸变为管风琴的奏鸣。我就进入了
我的生活。

但是，一个章节就是一个章节。在最后几行字里，是一段生命被使用完毕，而这是关系到站在什么立场的大事。不用记住这些瞬间中任何一个，我也能看明白我是怎样做出反应的，也肯定是做出了反应的。那曾经一度是我的欣喜若狂的选择，现在已经变成了我的监狱。在地面的石头里，心脏搏动得越来越慢。我难以呼吸。我的气管在为一种音乐服务，而这音乐不再是合法正当的。我的胸腔不知不觉地变成了一个教堂的石头拱顶。而我感到羞耻，莫大的羞耻。留下时间太长的人就得服务。而我要冲出去，重新回到我自己的生活中。

我愿意报纸也能以同样方式来更新——永远年轻。它必须能摆脱掉那些意识形态的沉淀物，在这些沉淀物开始阻碍思想的活动时就摆脱掉，要铲除那些已经有了轻微霉味的价值观念，这样才能保持生命力，保持活力，保持健康新鲜的攻击力。没有一篇社论会给人留下抄写上个月某篇旧文的印象，没有一个文化栏目看上去就像是重新回到夏季别墅时从柴火箱里找到的东西。正是要始终保持生机勃勃的这种愿望，正是要一直不断更新自己的这种野心，被他们叫做"机会主义。"真是一幅令人作呕的滑稽讽刺画！

每天早晨的报纸都能来自一个全新的、完全让人出乎意料的方向，这是非常重要的。这意味着要打破人们的期待，对根深蒂固的想法敢于造反，能够用一瞬间让人晕头转向的词语说话。只有这样，报纸才能让人们真的去看，而不是只相信人们会去看。

你听见了吗？那是温克勒尔的声音，我料想他就在那边的蒸汽里，又一次让自己的怒火弄得大惊小怪。"猫一样的马屁精！"这就是他当面骂我的话。当大家的面！他把我叫做马屁精的时候，很多人还嘟嘟囔囔表示同意，而我又会像猫一样出人意料地伸出爪子拼命抓人！他们觉得这里有些东西似曾相识，所以就同意这种看法，因为这让他们吃惊，而且不安。我在我周围的雾气里能瞥见他们有点不好意思的讪笑。

他们中还有人凑到坐在旁边的人耳边添油加醋，声音很低但完全听得见——这里潮湿的空气还是传导声音不错的：当我在早晨的文化版角落里处死某人的同时，我给受害者写了封信，掩饰这次攻击，重新阿谀逢迎，赌咒发誓说像对方那样的人格，已经高尚到超越任何怀疑的程度。他自己说过，他得到了那样一封信，甚至是在我处死他的前一天。其他人都点头同意这样的判决。

这是多么令人不快的漫画！自然我有时会突然抨击某人，尽管他自认为是我的朋友之一，所以相信买得到我的沉默。但是我是不能收买的。我拒绝让忠诚把我的舌头钉死在上颚上。从正确的信仰发泄是我的第一义务。但是这里并没有什么个人的东西——这里的人们不能理解的正是这一点。我的抨击涉及的其实不是什么朋友，而是这个公众人物，以及他在这个重大而困惑人的对话中的看法，而这种看法我们其实还是都到了失忆的状态。他要赞扬我自己昨天已经摈弃的看法，今天我就不得不把他当成我批判的靶子。我必须是自由的，能和那些用过的二手货思想、那些歪斜扭曲的而且突然变得不公正的卑微的思想保持距离，即使这些看法来自本来和我很亲近的人。

如果我让一个老朋友清晨就被人叫了出来，还在他半睡半醒中，身上还穿着肮脏的睡衣，就被夹在两个顽强的红卫兵中间带上报纸栏目，而这两个红卫兵在碎石路上还想跟上我的脚步，那就有显然的危险，他会把这件事情看成我的个人攻击。如果我后来还因为缺少什么肩章可戴，不得不扯下他睡衣上的两块碎布，让他暴露出松松垮垮的裸露的身体，那同样自然地会让他忘记这是他在**公众场合**出现而当作个人攻击。如果我在这种事情的关联中不得不使用伤人的表达方式，我很抱歉。但是保持距离至少必须有点具体的表现。我也为刚刚还和他一鼻孔出气、有过和他同样的看法而感到羞耻，我也无法避免在对他表示厌恶的否定中带上强调的声音。因此，这个准军事法庭必须有些尖刻的色彩涂抹，要给你点颜色看看，而刑罚的执行必须有些激烈的成分，就为这一点，我要扯掉他的睡衣，让那些纽扣飞入到烟雾里，而那烟雾是来自战时立即行刑的枪口，还在早晨的寒冷中冉冉上升，停留不散。

伤害人的当然是这种感官上的效果，而且事实上还代表了一种意见，把降级和行刑处死看作比纯粹原则的层面的一次记过更厉害的处分。

正因为此，我不得不写一封有点私人口气的信，要把事情的关联搞清楚，说明这是一场假装的审判和不装弹药的死刑执行。事实上，我大概也从来没有像此时此刻这样珍视他的友谊，而重要的是他要理解我那些严厉措辞并不能对我个人对他的高度赞赏有任何改变。我也很遗憾，我这么早就把他给抛出来了，但是我对这份报纸的出版也无能为力。除此之外，他的睡衣也比较好看，就算它有点肮脏，也绝对比我自己的更有青春气息。这一点我很愿意他知道。

我有一种痛苦的感觉，有时候，就在我这样试图去消除某种威胁人的误解的时候，会落入一个更糟糕的误解。如果我为了补救而写的信件在对他的攻击之前到达，而让罪犯完全莫名其妙，事情也不会变得更好。事情可能就是这样发生的。一篇文章可能在最后一刻撤下来，留到明天发表，而我的信则已经因为相信文章会发表而先寄出了。这种情况是让我人和事分开的诚实和愿望，其实还是一样的。

要是有人理解我的路线变化，那就该是温克勒尔——不是他要求我一再检讨自己的立足点吗？而且要一直准备好抛弃自己过去确信的事情吗？难道他看不到这正是我的路线吗？他是不是认为我是对他的理想的模仿取笑？难道他看不到，我们实际是亲戚，他和我？但是我的解释从来不能进入他发昏的脑子。在这个从来不安分的审计那里还有一种从来不会忘记的不妥协的精神。我从来没法说服他让我进入他的光圈。

我也可以解释我的话带出来的那些窃窃私语：他是个作家，这就给他一种优势。一个批评家可能一时半会对付得了一个作家，但从长远来看就不是对手。

但是我也是个作家啊！人们就是不愿承认这一点，因为我的诗歌容纳在我的批评里，而且为批评服务。

我也曾经一度是非常不错的抒情诗人，很受欢迎，但只能算是那种小诗人，只有个别诗作被收入不同的诗歌总集里，一个美丽的希望但从来没有实现。那些诗歌我自然连一首都记不住了，不过时而也会有一两句隐约想起来，可能都被蒸汽或岁月糟蹋了，但是就是在误解之中也还有一种信息："突然间我听见鸟的啾鸣，如此美丽让人停步倾听"。这一定是只画眉。我还极力想记起这首诗后续的部分，但是现在我只能听见公园里的沉寂中警告人离去的喊声。

我肯定早已明白，我不可能变成那种大诗人之一，于是就把我的七弦琴放到了旁边。这是我半途而废的很多事情中的一件。不对，更正确地说：我是让我的诗歌在文学批评中服务——活着的有生命的东西你当然在自我更新中还会带上。作为伟大诗篇的分析家、阐释家、传道者，我以这种方式使用了一种感性和暗示的乐器，它能征服其他人。我成为一个伟大的引诱者。我在发言的时候就能看到这一点，但也是一个不需要从任何人那里掠夺任何东西的引诱者，不会攫取和放弃，不会欺诈，不会沉沦在谎言和失望之中，相反，我这个引诱者能让人看到他们不曾看到的事物的，能让人接受原来准备拒斥的事物，能让人爱上他们本来都不具备能力理解的事物。

这必定是一种新型的批评，其中嗅觉灵敏的鼻子和探测地下资源的探测器要比过去更具有重大意义，因为我追求的就是诗本身，而不是围绕诗搭建起来而最后要拆毁的脚手架。一种新的批评——这里的词有百科全书里的条目那样的重量，但又不揭示它们的内容。这让我联想到，我是这个国家里这种更加精细阅读方式的引进者。

一个引诱者，任务就是不断更新自己，责任就是要永远年轻。人从来不会跨入同一个女人两次。以一种悖论的方式，我舌尖上出现"唯一的"这个词的时候，眼前却一直看到新的面孔。我当然是一个有桃花运的男人，在我生命途中有过很多女人——这可以说是不断更新过程的一部分，在这种更新里我总是一再追求自己真正的生活。但是在这种新的、真实的生活里，关系到的这个女人正好又是唯一的一个。她消解掉了所有之前的女人。如果我向她保证她是独一无二的，我的词语总在渴求着从那个没有面目的黑暗中引诱出来的正是她本人，那我绝不是撒谎。

当然这不能说是什么一般的勾引。我相信事情是这样发生的：我通过紧张的倾听，而且目光一刻不离她的眼睛，实现了一种意料之外的亲近。用我的饥渴的沉默，我创造出这一小块有着游动的绿色阴影的林间空地，在这里她能够留下她从来没有向别人讲述的事情，在这里也有一种带着暑热的信任，能让她征服我。我只是一眼不眨地盯着她看，而她就出于自然地开始为我脱衣服，一半是挑战性的，一半是带着歉意的。每件她慢慢脱下而且心不在焉地扔在地上的衣服，她都要讲一次让她难为情的失败，以

38

至于让她从来不敢，从来不能，直到……于是她朝我走过来，眼睛里含着泪水，用一种奉献征服了我，这既是交出她最秘密的，同时也是她不情愿地化解的肉体。

很可能我也是用同样方式引诱我的读者。用一种出人意料的亲近，既是暗示同时又是留下不用言传的话，我把读者从他们的自我中引诱出来，从无名状态的黑暗中站起来。我紧张地倾听，也是诚心诚意的，他们就能以信任来对待我，而且还是在印出的报纸里。我让读者的话在每页上出现，让她的梦想和恐惧在白纸黑字间显现形象，让我从她那里引诱出来的那些期待、那种愤怒和那种果断都能在火一般的字句中闪光。她是用她的呼吸来写这份报纸。我让她征服我，占据我的立足点，最后又带着我的价值观离开，还转头给我最后的充满爱怜和忧伤的一瞥。她已经战胜了我——而又想我所想的，说我所说的，引诱我的也能引诱她，也能感觉到我在偏离正确方向的歧路上感觉到的不堪忍受的羞耻。

我只怕我的话语也会引诱我自己。在这个女人的队列里，我也会把每个女人都叫做那个唯一的，感觉这个队列就像一个全都让你叫好的节目单，一个能告诉你一切的目录，只不告诉你那个唯一必需的。好比有一根针扎穿了一个挣扎蠕动的蜻蜓身体，有一种彻悟感穿透我的全身，就是说，确实有个唯一的女人，而我不能抵挡住我的虚荣，维护住她的形象。

我在报纸栏目中的引诱非常可能有同样轻浮放荡的特点。在我的巧嘴滑舌下面当然还有品质比较纯洁的东西，但是它有在我的能言善辩中丢失的危险。浴室里面没有人提到过我的诗集，这也是病态的。他们把我降格到记者和文化政治家的地位，完全没想到在我的文章里找到避难所的那些诗歌的痕迹。甚至还有可能他们从来没听说过我的著作。我在这个桑拿浴室里觉察到一种对抗，不，更准确地说是一种兴趣的缺乏，它妨碍我的思维，让舌头多少有点麻木——就好像是下巴被麻醉之后的感觉——正是在我试图把这件事搞清楚的时候。问题在于，为什么我作为抒情诗人事实上沉寂无声了。当真是因为我觉得自己不值得站在那些大诗人的旁边吗？那些如火焰般燃烧的景象，那些包罗万象的组合，那些让人痛苦的怀念，它们一再穿过我的意识，说明缺少的并不是诗的材料。就在可能性的界限上我能感觉到巨大的创造物，感觉到那些呼喊着自己的创生的大千世界。但是词语在门槛里犹豫不决。那火焰般的想象存在，但是找不到自己的表现。为什么？

好像没人期待我的笔下会出现一首真正有意义的诗作——所以词语就会自己止步不前。

相对来说，要看到那只占巢的杜鹃雏鸟却没有任何困难，人们用各种期待诱骗我进入那个巨大项目，现在还把我更个人的活动需要的所有营养也都投入进去，我自己张嘴要吃却徒劳无功。我有一个明确的感觉，这是一次从来不会足够的阅读，一次想把自己投入到整个现代文学中去的尝试，也是一种疯狂的野心，让我自己每天早晨醒来都会惊吓出一身冷汗：时间不够啊！我觉得我被迫去阅读每一部作品，而不会只落入他人的判断里。这肯定是一个没有边际不断扩展的项目，某种不断蓄积包容我们这个时代全部文学创作的手册，一件不**可能**结束但又是刺激我继续努力奋斗的工作。

这样一个重任，本来要求许多年在报社停薪留职才能完成。我应该把自己的伟大角色让给那些小伙子们——为了在我从失败的探险中回来的时候，还能发现我自己好像是一个在默许中被废黜的皇帝，一个人们很愿意拍摄他穿着有吊裤带的裤子而且挽起袖子准备在家里劈柴的照片的皇帝，也是一个如果他还想重新尝试掌控他的王国，就可能把他自己的头也砍伤的皇帝。不行，我不能离开太久。不过我还是确切知道……早晨的冷汗还是非常清楚的。而我感觉到我如何手握斧子站在那里，不知道的是自己的目的是什么。到底有多少人在我身上说话？这个圈子是那么拥挤吗，以至于我们的舌头总是在对方的嘴里说话？

无论如何这里确实太拥挤，以至于那些更加具体的决策都很难在这里找到空间。我感觉到，人们如何要求我对我说的不断更新做出更好的说明。更新成什么？听起来就是一个无情的下结论的问题。我自己能真切感觉到这个要我讲清楚的要求有点恶毒。但是进退两难的困境正是这一点！我感觉到，我被卷入的不可阻挡的政治运动就如一阵风，不，是我卷入了其中的一面旗帜。但是，在这种语境里所有明白无误的事情都被删除掉了。我和起诉我的检察官其实一样，对那些能确认的事情连一件都记不得了，没有哪怕一件我在关键时刻还记得而法律有效的事情。但是他们还是压迫我说。这就好像人恶毒地指出，因为现在本案已经丢失了文件，所以证明的责任事实上就落在了我的头上。

在这种生存状态里到底是什么事情搞错了呢？其中大部分都已经被抹掉了，而留下来的东西全都是误解？还不用一个词就暗示说我也是参与其中的。对此我有全部理由表示怀疑——尽管我良心一直是不安的。

死者在这里是非常重要的——我料想他们会有很重要的话要说。我相信他们的死亡是一种公式，其中不仅包容了他们自己的生命，还有话对我们所有人的令人不安的存在可说。可惜人们并不把他们当回事。而我自己也还没搞清楚事情的关联。

不，人们不把他们当回事。活人以为自己是最后说了算的。是活人在书写他们所谓的"历史"，而他们只给死者适合他们自己利益的那么多可见性，不多也不少。他们重新揉面一样揉搓他们的前人，把那些最近才结晶的洞见从死者的头脑里扒出来，粘贴到别人的头脑里，让他们承认那些适合这出戏剧的行为动机，宣告那些与他们的眼中无话可说的绝望不会匹配的情感。那些死者徒劳地试图维护自己，反抗那些要压在他们身上的面孔，反抗那些要把他们的动作强制套人的模式，反对那些要当作真理写入他们内心的独裁专制的误解。死者绝望地反抗对他们的生活的这种死后的甚至到了每一个最小细节的控制。这个"历史"是唯一巨大的帝国主义的一种侵犯，对于这种"历史"，我的全部情感里没有别的只有蔑视。它也是一种没有任何结果的暴力行为。只要权力一有更迭，死者的生活就被重新写过。没有人感兴趣怎么样把正义还给死者。

我本人从来不愿意歪曲死者的形象。我本人从来不愿意让他们受到误解地狱的迫害。我对他们的唯一要求就是他们不要回避我们，在我们需要他们的时候就能随时应召而来。他们必须来帮助我忍受我现在身处的这个章节。作为报答，我时刻准备在黑暗世界的黑暗中去寻找他们，如果黑暗还把他们保留在那里，我就要帮助他们进入我们的此地和此时。

为什么我要如此坚定地站在死者那一边，反对那些要控制他们的意识的人？是的，我完全被纠缠在对死者们的考虑和对我自己的集体的忠诚之间。坦白地说我对过去才不在乎，但是生活在过去中的居民却是和我自己的生活一样相关。为什么？为什么我对死者如此迷恋？

"迷恋"这个词带来一幅图画的形象。父亲早晨骑马之后刚回到家。他在门厅地板上留下了一块泥巴。我拾起这块泥巴，还用唾沫把泥巴残迹洗掉，为了不让母亲……这时我听见父亲用骑马的小鞭子在床上抽打了两下；那就是全部的铺床动作了。我在门缝里窥视的时候，看到父亲在那面古斯塔夫风格的小镜子前面调整自己围在脖子上的餐巾。卷起的灰尘依然在透过高大双层玻璃窗射进来的太阳光柱里旋舞。

这是一个没有多大意义的情景，但这种情景自然也能提供很多信息。这是我们家里男士生活的一个小场景。不仅卧室都是分开的，而且也禁止女人进入他的"内阁"，这个词显然就是这个意思。为什么要这样分开？站在这个有点发黑的镜子前的差不多是花花公子般的人物没有一点羞怯的样子。是不是他要不惜一切代价占有一间没人能看到他的房间，甚至在墙纸的图案里都不能有眼睛？如果是这种情况，那我就处在一个危险境地，因为我在门缝里窥视他。但我还是留在那里不走，屏声静气，等了又等，想看到他的脸上是否会有毛长出来，会有獠牙突出，眼睛拉斜变红，然后大吼一声，身穿着扑搧的披风飞出破碎的玻璃窗，消失在突然降临的黑夜里。像我这样的男孩子早就觉察到家里有妖魔鬼怪，但是不知道他们想以什么形式出现。**我的**妖怪看上去是什么样子？那些死者知道。他们也知道我，比我自己知道得还多。

我自己都不知道我是活着还是已经死了。但是我有一种特别的感觉，这个问题问得不对。可能我同时是活着的又是死了的。你瞧瞧这只手，连我自己都没注意，手也会去抓摸这些长凳的边缘，你再瞧瞧这些骨头碎片，皮肤碎片，血管和肌腱纹理，这个瞬间看起来是让木头的光泽透过手掌而照进来，到下一个瞬间，又是用它悸动的生命力挑战所有的毁灭。我试着去理解它，但是只会感觉到晕头转向，就像我想尝试把握时间到底是什么的时候一样。

在这一点上究竟能搞清楚什么吗？"死亡"这个概念本身好像一直在改变，从这句话到下句话都不一样。只有我的抵抗永恒不变，我要继续抵抗所有那些令人不快的误解，而希望你能听我说。你听我的时候，我就"活着"。

我也希望那些歪曲人的机制——我其实很想说那些自然法则——在浴室里面的机制，能够在我和你谈话的时候得到解释，是的，也希望我们的对话本身就能迫使事情的一点关联显现，能让人理解。

前提是**你**不要误解我说的话。我想我应该能相信你。我寻找你的目光，可是找不到。但我还是不信……不，你大概不会引诱我堕落吧。

面对他们那些人，我一直有一种感觉，就是说我争辩时总是站在下风。需要这样或那样的一个停顿来给我自己加油打气才能迫使他们倾听。我突然明白我过去是怎么样来主宰一场辩论的。极有可能我是个抽惯了烟斗的人——我感觉我现在就极想抽"汉密尔顿混合牌"的烟丝，在我手指上还找到这些焦黄的痕迹，甚至在中指上发现这一小块焦黄的硬皮，这通常是结实的短烟斗柄靠着的地方。当各种说法从各个方向落下来，无能为力地寻找一个出路，人们就转向我的方向，这时我就慢悠悠地再给烟斗装上烟丝，额外地压实一次，点燃，先猛吸第一口，而在这段时间里人们都会在不断加深的寂静中等待我的发言。这个停顿，这种注意力，我只能靠烟斗的帮助来达到。当我最后说话的时候——烟雾能让人朦胧可见一点微笑——每个音节就都有特别的重量。用这种方法我就能让对话掌握在我的手里。可惜在这里面是不能抽烟的。

不，他们不会给我一时一刻的休息。你听——现在他们认为他们已经把我逼到了一个死角。他们假装同意我的解释，我说这是一个不断更新的问题，是要反复进入那些活着的人，尝试新的风格。但这时他们就升高了语调，再一次说什么"在这种情况下"。而你已经听到过，这样扩张的误解是为了什么。现在是再一次拿出什么"弗莱色教条"来说事了。是的，我说"再一次"，可并不记得之前的那些同样的攻击，因为说话的调子已经有了重复多次的色彩。你肯定也听到了从另一边传来的不干不净的脏话："一个一个来，小伙子们，就像女佣人迷迷糊糊睡在牛棚里摸着奶牛乳头时说的话。"

有人把这个教条推到我头上，就是我说的一个小国家一次只能容得下一个观点——结果是不同意见就要挂在防虫的袋子里封存起来等将来再用，而在现实中，则是扔到了旁边，和还可以看见的将来没什么关系了。

这是一幅实在丑陋让人不快的漫画。我愿意看到的恰恰是相反情况，是让很多意见能在报纸上互相争鸣，不同声音完全能互相交流。不是我，而是迪贝留斯要不惜一切代价坚持一条路线。是他从来不愿意让一篇和报纸的路线抵触的文章不受批判，而是立刻在社论里和那个敢在本教区里大声发言的异教徒划清界限。在外表上他也正是一个来自正教时代的教长。

我可是坚决地反对他的。等一下……肯定是在一次宴会的时候，很可能是在一个出版商的家里。我可以清楚地从桌子上的蜡烛辨别出来，那些扑动的火苗，还有很热闹的气氛，主人四处走动应酬待客，手指还经常抚摸着自己父亲般的胡子。那天吃的是煮三文鱼，端在盘子里四处传递给客人。不管怎样，我手里拿着一碗荷兰蘸酱。有几秒中的沉默。迪贝留斯肯定已经用一篇原则宣言开火了，所有人的目光都转向我。我的嗓子不听我的使唤，我不得不抿了一大口葡萄酒，然后我才表示，在眼下这种实际情况下，在我们这个国家不会有高质量的辩论。在我看来，讨论总是过分地一边倒。现在是扩大范围的时候了，从目前的趋向来看，**实事求是**地说这意味着要放进来自左翼的声音——不要再有批评的社论——对来自另一方向的评论我们也要有所限制，是的，就是说，对于反对意见我们要先盖上一会儿盖子，完全就是为了平衡的考虑。

迪贝留斯从桌子的另一边发作起来，因为一种怒气而膨胀，到了任何声音都发不出来的程度。是不是他都已经站到椅子上了？不，他就像一个刚从一个瓶子里释放出来的幽灵膨胀起来，同时又带着父亲的幽灵，这父亲已经拿着腰间拉出的皮带朝我走过来准备教训我了。我做了一个防卫的动作，在我的恐惧中让迪贝留斯的礼服背心都沾满了荷兰蘸酱；肯定是满满一碗蘸酱都朝他倒了过去。之后则是半冻结状的继续流动，有点泥石流的味道。要描写这些细节是困难的。总而言之，一群人慢慢站起来，在一个巨大而闪耀的水晶吊灯下纠缠在一起，到处是激动不已的嘈杂人声。我真希望这个吊灯能砸下来，结束这让人难为情的事。

这个场景，可能是我们谈话时我编出来的，但能说明一点我和迪贝留斯之间的关系的真相。我突然能感觉到我们报社走廊里挥之不去的那种火药气味，而墙壁也都因为荷马史诗规模的辩论而弄黑了。我的感觉好像我们有时舞胳膊动拳头缠在一起，而负责国外报道的编辑和报社秘书们则惊恐地把我们拼命拉开。

不，我把自己的角色说得比实际上英雄得多了。另一幅图景说明的则不是这种情况。其实是他压倒了我，就像山崩一样压倒我，而我蹲下来，还抽抽搭搭地哭泣，无法压抑得住地哭泣。这种关系把我变成了一个四年级学生，还被召到校长那里去检查，而我因为刚做了件毫不考虑而傲慢无礼的事而让情况变得更糟。我的腿几乎都支撑不住自己了。看在上帝份上，别以为我不管怎么样给了他审判我的法律权力。完全不是这样的。我知道，在我们的争议中他其实总是犯错误，他没有一刻是深思熟虑的，总以为他是在权威性的老牌自由主义中打滚，而我则同样明显地站在年轻人才卷入的对立面。但他从来不是就事论事靠讲理来对付我。他横穿过词语，朝我怒气冲冲走来，脑门上头发胜利地披散开，成了举起鞭子要抽打我的父亲。他从信赖他的人不会加以防范的那个角度进入，又是出乎意料地找到了一条本来已经踏平的小径，直接就攻入了别人不设防的地方，其实这是一种懦夫行为，也是弄虚作假的。哦，他在这点上还有直觉，完全处在他那种沉重的四四方方的僵化框架里。或者是我带着一种恐惧引导他，我怕我预见了他能走到什么地方——而他也读出了我的恐惧。我们在编辑部的争议其实没有什么大意义。我就像一只猎狐犬那样吠叫，突然明白他把我变成了什么。而他自己变成了什么——当我站在那里大声吠叫，也准备好在一次攻击时溜走的时候，我看到他满面皱纹的孩子脸以及那虔诚的圆眼睛，听到他那种像太监的声音还努力要严肃庄重。这真是不可忍受。

我就是不明白我为什么要听从他的命令，或者还需要把他僵化的论点当回事。我才是这里的主管啊！而他实在是早就应该退休了。我不是刚才还给他写了一份令人胆寒的讣告吗？其实是一篇羞辱他的文章，在文章里我把他的上吊绳砍断，让尸体咚的一声掉在阁楼地板上，于是尘土就在上吊的横梁下面飞扬。也许这是一种索然无味的对付方式，但也是必要的，对我和对很多同意我的观点的人都是生活所必要的条件。他代表了我必须打破的那种垂直的秩序。权力必须打碎，然后让编辑部底层那些饥渴地想做事的人分享权力的碎片。

我感觉到，你不仅怀疑我的分析，而且还不相信我重新描述整个过程的方式。好像你在寻找记忆，找那些可以收买的记忆图像，其实已经不可能再找到。我们用这些记忆有什么用呢？它们只会对我们提出有灰尘气味的要求，把那些我们曾经有幸甩掉的价值观和习惯和我们再捆绑在一起。过去其实是一个垮台的独裁者，而他的无家可归的使者也已经背叛了他。

有些东西比记忆图像更有价值多了，那就是我在不平均的间隔中成功地照射出来的景象，它们确实能给我的生活提供内容。那时我看到的，可能就是发生过的事情，或者可能会发生的事情——这没有多大关系。要点不在于那个点亮的瞬间是否是一段历史，而在于它的一种有效性。

当坐在正对面的人提起他木制的假胳膊的时候，就像这样，那很可能是一个信号，要释放什么东西。等等！有一根树枝烧起来了，而我们都站着，我，母亲和父亲，也许还有我的姐姐，在一个五月的夜晚，就站在那棵烧起来的樱桃树前面。在那些细小的树枝间有噼噼啪啪的响声，而在更加潮湿的木柴里则是嘶嘶作响。有些花在热火中枯萎起来，收缩到完全消失，还有些花分散成冉冉向上飞旋的花瓣，混杂在火星中飞向幽蓝的天空。看着这些在火星中飞旋上升的花瓣，我会颤抖，甚至脸颊都会抽搐起来。我大概是十岁左右，面对这样的阐释感到恐惧颤抖不已。为什么没人干涉？这棵树肯定是果园里最美好的典范之一，为什么没人来抢救它？

我父亲目光呆滞地站着，面孔就像一个锁起来的大旅行袋。他是不是认为这是我的恶作剧之一？是不是他想让这棵树完全烧掉，为的是给我一个教训？抓住这个机会就能植入又一件罪责？他沉默不语。嘴巴就像一把闪闪发光的大锁。

母亲则不同，几乎是欣喜若狂。一次又一次地鼓掌，还摇晃脑袋，好像她要说什么但觉得想说的词语对于舌头和嘴唇都太大了而说不出来。她走得那么近，眼睛因为热火而熏出了眼泪。这真是一场灾难——而她活着，活着！

对于我来说，这既不是恶作剧，也不是灾难。这是一个奇迹。这棵树是自己燃烧起来的。而我听见有人说话，没有一个词，但是在火焰中说话。我猜想是这个人的呼吸成了燃烧的樱桃花。他是你无法理解的，但也是你不可逃避的，而当时十岁的我将会相信他很多年。我也不会承认什么其他信仰里的说法。

这个男孩的信仰既是必要的，又是不可原谅的。正是这种信仰使得他有可能看见。他长大成人后自然不靠信仰活着，但是有一种信念，面对这飞旋而上的燃烧的花朵是一样地没有气息的，一样地理所当然的。而且总是这种信念使他能看见。也是这种信念打开了这张报纸朝向世界的窗户。正是在它的帮助下，可以选择出这种现实。

我知道：人们把这叫做"找角度"。这是一个误导的词汇。我和我的同事们醒悟到的是，要为读者提供一种客观的说明是不可能的。每个这方面的要求都是出于一种自我欺骗。针对失忆留下的很多碎片状的材料，问题的选择本身就已经是根据一种价值。更不用说还有那些模式，意想不到偶尔碰上的细节不得不安排进去的那些模式！唯一的诚实的方式就是承认你的主观性。个人的角度其实是最真实的角度，也是能从道德观点捍卫的唯一角度。这不是"找角度"——这是要做到诚实。

但信念是多面多样的；我身上充满了不同的声音。任何人要是认为我只推进唯一的一条路线，今天强调**这一条**路线，明天又去强调另一条路线，意味着一种武断的不连续性，那他就是胡说八道。我不知道在这个国家是否有过任何公众人物像我这样被人误解。同时是正儿八经的教条主义者又是两面三刀的变色龙——难道这就是他们看到的我吗？多么恶心。

他们没有理解的是我充分完全的开放。你可以看到连蒸汽都能直接穿过我流动。我的头盖骨都是完全打开的，我说话的时候，人人都可以读到我脑子里正在想些什么。而比这还重要的是，我本人就是一个所有现存的信念的讲坛。这个世界上所有风向在我这里都是受欢迎的。在我的生活里是没有什么关闭的大门的。

我可以给你举个例子。有一天我从报社下班回家，发现我这层公寓楼层里充满音乐。在楼梯里我就已经能辨认出这些温和的音槌敲击声，能迫使这天的所有黑暗都退回去。在钢琴边上坐着的不是别人正是那个诗人，他叫什么来着？又瘦长又通透，模样越来越像奥登。围绕着他震动着一个声音，说是自由存在，也不用向皇帝交税。这个房间是相当透亮的。他直接走进来，坐到钢琴前弹奏，因为大门是从来不上锁的。他一边在等我，一边把这种脆弱容易受伤的不可伤害性演奏出来。

在我们之间有一种不可言说的紧张。毕竟他是一个花草画家，一个名气还不大的名人——也许是我本人因为自愧弗如而要与他的形象保持距离。同时，他也常常能完全征服我，就在我要保留和他不同样子的时候战胜我，就像现在这样，通过压几个琴键就能让墙壁变成玻璃，能让在时间和空间中的遥远的一切都在此时此地存在，在这个巨大浓缩集中的瞬间。岁月从墙的两个方向穿越而来，却没有移动一块砖头，甚至没有一块石灰掉在地板上。归根结底，他还是一个大师。

在这个时刻，他无论如何都是我的同党。是他决定门不用上锁，没人需要上了楼梯再转身回去。我总是不断有人来访问，所有幽灵都能在我这里找到归宿，一个不断变化的青春，一个反复来找我的思想，找我的指头尖，这个世界的新音调也通过墙壁来到我这里，就像无线电波一样是不可阻挡的。在蒸汽里的那些人暗示说我会用某种调子把不同声音关在外面，会拒绝大部分的生活，跳过某些日子，是的，还会删除掉整整一年。这是毫无道理的。我实际上是对所有方位都开放的。

开放——但是同时又有鉴别和洞察力。人人都可以发言：这是法则。但并不是一切都需要同意：这是道德。而道德高于法则；我在我们周围的眼睛里读的是道德。

在报纸的作用中，最重要的部分就是能区别和洞察在我们这个时代什么是有用的，什么是无用的。是的，我还愿意进一步地说：什么是能让自己存在的，什么是不会让自己存在的。

他们那边大部分人是不站在我们这边的——整个沉默的舆论，其中生硬的尖叫声构成了每个想法、每个决定的背景——从来不需要去攻击他们，就是他们发表抱怨的意见，也不用公开地把他们钉上十字架。他们会用沉默把自己包围起来，对此我们只有尊重。在某些概括的语境里，可能要为他们付出一两行字，在某些较大的运输中可能会让他们在货车后面的搭板上搭车，为的是在一次急转弯的时候，假如那时他们不愿意抓牢自己的话，就让他们甩到路沟里去，在象征性的山萝卜和白菜蝴蝶中间去仔细考虑他们满意的自我怜悯。

不过，说到写作者：让他们去吧，让他们在自己选择的地下墓穴里继续写吧，让他们像难民逃避一场事实上没人施加在他们头上的政治迫害，让他们坐在那些正要坠落的拱顶下面更加深入到他们孤独脑袋里的长脚蝇、税务争吵和世界灾难中去，再次享受一种没有别人明白的放逐。唯一要做的事是你必须注意他们的沉默，那是他们的行为前提，要用他们期待的方式把他们的书拿开，想写有关他们的文章的所有尝试都不要太鼓励，要让那些并非你约稿而无论如何也会出现的有关他们的文字沉到你办公桌大堆文件的下面去。他们自己本来就想把自己置身事外。那我们就尊重他们抿紧嘴唇的人格吧，既不要太热情，也不要太仇视。

真正存在的作家可能不超过五六个。典范是稀少的，同时也是无情的。要作为第六或第七个作家进入这个圈子肯定要比一个前所未有地满载货物的骆驼进入天国还难。

自然，这些典范作家的名字是你不会在报社的布告栏找到或者会为之做什么决定的。此外，也是没有什么必要这么做。那些传递给我们的慎重的信号不知来自何处，而让我们继续得到伦理股票交易所的信息——那五六个人其实在某种程度上还是可替换的。我在嘴唇上的薄薄皮肤里还能感到现在涉及的是什么情况，哪些意见，哪些声音，现在进入了我们共同的意识中。这不是什么我可以控制的东西。这是时间本身写在我们脑子里的东西。但是在这些信号里的肯定性是很大的，我毫无疑问一直可以在读到这本书之前就写出书评。

我刚才说的话里，有些肯定发出了火星，是我自己都没注意到的。这种忽视使得我自己都搞不明白此刻在我头脑里燃烧起来的这幅图画。我是在一个教堂墓地里，这里

58

面没有什么特别值得注意的；我肯定是那种喜欢拜访这类地方的人之一。我站在悼念者围成的圈子几步之外，表示我的距离，但我也有一种感觉，其实更是这个圈子背弃了我。显然，这个逝者是个非常显贵的人士，因为你不用费力就会发现自己是在他离去而留下的空白里。一个他的地位标志无疑是连皇家学院的秘书也来在灵柩旁致辞，言语中混杂着悲伤和愤怒；我能看到他太阳穴处的青筋搏动，也毫不奇怪他会抬头扫我一眼，目光简直是企图要消灭我。我朝坟墓的方向抗议地走了几步，人群充满期待地分开。这时我看见了。这里其实不是什么教堂墓地。这里其实是城北关的古老的行刑场，人们为之哀伤的人被刽子手死死按在行刑台上。他们是在演出一次哑剧，能非常暗示性地演示在过去如何能从犯人嘴里把舌头割掉。观众唏嘘不已，但是失望的乌鸦则在距离十丈开外的地方来回踱步。

　　人们转向我，好像下一场演出就该轮到我了。但是我的头脑里空空如也，不明白我和这件事有什么关系。被行刑的犯人直瞪着我的眼睛，带着一种要抓住我的思想的绝望。对于他来说，这一切都是真的而不是戏剧！

　　他肯定曾经是个作家，是人民大会判决为可以声称不朽的一个作家。但是他不可能是那五个或者六个作家里的一个。我能在空气里感觉到他不属于他们。也许早先他曾经是。我当然不记得我到底和他有过什么关系。他的宽大的青筋裸露的工人之手，条件反射地保护着眼睛，避免那越来越强烈的光线，样子还有当年的魅力但也已经耗尽，脸上那些世界末日预言家的拉碴胡子已经凌乱不整，不，我不认识他。但是他看着我，目光是一个被虐待得奄奄一息的犯人求死的目光，好像只求刽子手给他痛快的一刀：行行好把，大师傅，把头砍掉！这幅图景是惨不忍睹的，告诉我一种尖利叫喊的不公正！在这种情况下我做的唯一合情合理的事情就是：掉头走开。

我从桑拿浴室这里面的气氛注意到，人们把事情全都搞错了。好像是我，好像是我们的报纸，剥夺了这个被封嘴的作家的说话权力。我们可从来没有过这样的意图。此外，刚才这个场景也是骗人的。没有人被封嘴，即使是象征性的也没有。你知道得和我一样清楚，一个没有人要听他说话的人，其实也是被自己的话背叛了。谁开始失去听众，谁也就失去了自己说话的舌头。

那些被封嘴的作家的错误，在于他们的被动性。他们假定人们的脸会转向他们，去听他们没办法说出的东西。但是，真正的艺术家是一个引诱者，他并不被动等待受害者的注意。

读者无论如何是些自由的人，有权力看他们愿意看的东西，欣赏他们愿意欣赏的东西，真的做他们愿意做的事情。你不能吸引他们来听，也就是你无话可说。对于自己的哑口无言，你自己要负责任。

看起来他们那些在这浴室里面的人是难以懂这一点的。他们以为我说的自由是报纸可以押宝一样押出来的东西。就好像我们在参加教堂的集会，由那里的权力来规定我们能想什么，不能想什么！

当然可以要求我们在意识里面划出界线。很多人寻找一个权威机构来帮助他们摆脱自己负责的那种苦恼。他们害怕自己会凑巧拿了一块比别人拿的大一点的蛋糕，然后坐在那里，眼前的盘子里有了超过比例的一份，于是面对很多人的侧目，连吞咽的肌肉都因为羞耻而麻木得不能动了。他们还等着我们去为他们挽回这种局面！

但是报纸需要的是完全不同的东西——报纸恰恰相反是集体的声音；报纸要把词语送给他们很多人朦胧地希望的东西，铸造他们在莫名其妙的烦恼中期待的那些警告的句式，要调好他们需要感觉在四周存在的那些警觉的眼睛里的焦距——用这种方式，就可以提供给你奇怪地混杂着轻松和青春的感觉。而我们的出发点一直是读者的自由和他们对清晰的界线的需求。没有什么比读者选择自己的限度的独立性更让我高兴的了。

61

我自己在我的限度里是自由的吗？我注意到，我一度坐在这里转动这个结婚戒指，上面还铸有特别的叶子。这个戒指能证明的到底是什么？那个人们用来折磨我的弗莱色教条在这里也是有效的吗？在色情的范围内这个戒指无疑是布道式地说"一个一个来"，至少是表示一种统计学的可信性，在原则上能对于其他方向的性胃口设置界限。如果我戴着这只镣铐，那我真是自由的吗？

当我用一个如此小资产阶级的庸俗象征来让自己吃惊的时候，我自然是感到羞耻的，此外这也是一个表示恒定性的符号，基本上也是可以弃之不顾的。问题是为什么我没有早早就把戒指丢掉。尽管羞耻我还戴着它，是一种对爱情的量度标准，那是我不能一望而知但是也不能离开不顾的爱情。我说到这件事情的时候，脑门都会咚咚直跳，我坐在这里，身体向前弯下，胳膊可笑地交叉起来护住这个泄露机密的下身。

我只是无法让她的面容显示出来。当我还是努力尝试的时候，我看到的是一群面容，而且还有部分互相兼容。就是戒指也不能提供什么引导。这个戒指基本上就是一个神迹。好像是新的，然而磨损得这么厉害，连上面的名字都看不清了。而这点看来是能多少说明问题的；事实上我感觉好像我最近才第一次见过她，尽管我们可能结婚已经几十年了，可能在什么地方还有两三个孩子。我们结婚的日期已经磨掉了，但是戒指铸造得很新，边缘还是很尖锐的。我真搞不明白这是怎么回事。有一度我以为能看清第一个字母是E，跟着的是一个德文拼法的字母，但是现在我看不到任何一个清晰字母。

我本来应该能用我的眼睛和我的手指重新恢复她的面容，恢复她让人炫目的身体。但是有什么东西妨碍了我。这种阻力毫无疑问是从她那里来的。好像她不愿意被我看见。经过了这么多年，她依然还是不可望又不可及，是我每天都要重新去赢得的人，是那个从来不是我所期待的模样的人。

自然我赢得过很多女人，一会儿这里，一会儿那里，多半也是过路客一样。这不算数。唯一的对我有意义的人是她，有可能名字的第一个字母是E。她是我必须克服的一种长久的阻力，或者更可能是一种长久的阻隔。而我在四肢里能感到我过去是怎么打败她的。我是突如其来，凭空而出，就像大神宙斯——像一股羽毛的旋风，让人惊愕而又欢天喜地。是的，至少是惊愕，对这个我重新发现的面孔和身体感到奇怪，不对，不是重新而是第一次发现的——每一次都有些独特之处，有些让我和她一样出乎意料的东西。她是不可赢得的女人，但是会令人惊愕地让这种事发生。她的舌头尝试着我脑门上的潮湿的头发，好像是要感觉我的身份，但是她找不到什么东西，只有疯狂的翅膀和欲念扑闪。每一次总有些过去没发生过的事情，也只有和她在一起才会发生的事情：一种惊奇和狂喜的神圣的放电。

当我告诉你这些事情的时候，我理解，我和读者的关系其实就是这样的。我从星期一的灰色报纸的页面里走出来，突然地出现，好像一块旋转的云，羽毛和狂喜的云，而她呢，带着觉得好玩的疑心，准备好实际的距离，让自己被吓一跳，让自己被压倒，让她自己在主动放弃的抽抽搭搭的哭泣中被引诱。

在她的众多面孔中间，她总是一直不变的，挑剔的，清醒的，独立的———切都是我鼓励出来的——但是内心秘密地准备着把自己交出去的。

在她的众多面孔中间……我听见我自己的声音，过了片刻之后就明白我说的是什么。我自己的妻子是不是也有很多面孔？我自己一而再、再而三地跨出我用过的生活，跨入一个新的生机勃勃的章节。而我是对来自这个世界的所有的风都是开放的，总是不断有种种声音来访问我，而我把它们变成我自己的声音。我拒绝接受一种不能改变的或者是有限的身份。好像我只有过一个家，只有一个青春也就满意了，也只坚持一条生活道路！但是这同样也适用于这个女人，她分享我的存在。我不能给这个可能存在的E解码，这本来是正常的，这个E本身好像肯定能代表一大群名字，没有一个可以排除另一个。我在我的界限内又是自由的。

危险在于，有人偷偷地给了我另一个不同的面孔，另一页不同的传记，而没有让我注意到，因为在我生活的这个当下的章节里，那种家的感觉从来没有及时变得真正确定无疑，也不可以变得那样。同时，我不是欢迎来自所有不同方位的生活吗，因此对我来说，要认出那些不速之客比较难，那些不受欢迎的客人，他们可能是偷偷溜进我的生活的。正是那些本是我的力量所在的特点，我的敌人可以用这种方式来利用，为的是能把陌生的篇章偷运到我的生活中。

我只问我自己，他们搞这些活动会有什么利益呢——除了在我的前沿制造日常平庸的混乱局面之外还有什么好处呢？最合理的解释是，目标是同时针对在我的临时形象里的很多人物的，他们纯粹是出于方便这么做——也自然是出于恶意——针对那个对整个报纸的活动负有责任的个人，是的，这个人可能还对整个时代的文化气候都负有某些责任。我成了一个纪念碑一样巨大的替罪羊，有这样的一只羊的很多含蓄的生命。

没有可能搞清楚，哪个我的面孔是我自己的选择，哪些完全是其他人诱骗我或强加在我脸上的。问题只是，在这出肮脏戏剧里，一个动作到底是我的还是他们的，是否有那么大的区别。我当然也可能争辩过，是我的对手的这种卑鄙下流，把我置于这种越来越尴尬的境地，是他们的越来越令人不快的误解把我更深地驱赶进了地狱。不过也可能是我自己同样愿意通过我自己的词语来推动这个过程前进。可能正是我的辩护词把螺丝拧得更紧。我为我的案情所提出的论点越机智，措辞越完美，那么钳制我的碎裂的骨轴和我呜咽的灵魂的那些夹子就会夹得更紧。

译注：

奥登（W.H.Auden，1907—1973）是生于英国移居美国的著名诗人，而此章中说音乐中自由存在而不用向皇帝交税的出处是瑞典诗人特朗斯特罗默，可参见其诗作《快板》。

我的最好的防卫，真正能够防止那种地狱的拧紧夹具的方法，可能应该是保持沉默，让那些对我的指控和误解都在我无声的身体上反弹回去，落到地上，就留在那里发臭发霉，而我都不用尝试把它们踢开。

就好像我的高傲的沉默并非辩护词，而是最精彩的抗议书，能让我的案子彻底作废！

当我这个案子中的指控变得如此奸诈狡猾的时候，我怎么又能沉默不语呢？你刚才还听到那些带讽刺意味的叫喊——**我的**文化革命！他们不仅嘲弄我们为了建立一种更真实的文化所做的共同努力。他们还讥笑一场变革，而我试图要给这场变革我自己的面孔。我想，没有什么比这样一种嘲讽更能伤害我的了。我不惜一切代价就是要避免以**我的**特点、**我的**可读性、**我的**智力特权为主铸造我们的文化，即使是用荷马史诗的稀释方式也不行。我正是要在这个国家消除一切属于我的东西！

你还记得《樱桃园》里用斧子砍树吗？如果我是演员的话，我就会在这场戏里表演到极致，这场戏里，男主角已经看到了事情的关联，终于把握了他一直表演的是哪个角色——带着斧子去砍家具，那些带着浅棕色真皮饰面的陈旧椅子、画框和俄罗斯大茶炊等等，为的是最终能在桃花心木桌子的正中间种下公正的工具，而这桌子在一声呜咽中也塌落成了一个V字。那个变黑的小镜子是唯一留下来的东西。他站在那里对着镜子凝视了几秒钟。然后他也用拳头捣毁了他在镜子里的影像，甚至都没有注意血是怎么从他给自己留下的伤口里滴落下来。而这些全都是在柳波芙·安德列耶夫娜登上马车脚踏板的时候发生的，她还停下来带着微笑倾听这来自房子里的斧子砍伐的声音，这是在痛苦之中理解，还说明我是对的。

我不愿意拥有并非所有人都拥有的东西。没有人可以独自一人拥有可以排除掉其他人的东西。我属于——就我所能掌握的情况而言——一个很受宠的小圈子，圈子里的人都是受古典教育成长起来的，都上过钢琴课，都到国外学外语，看画展，我们有过这样的特权，我真是羞愧得难以形容。如果现在有人攻击我是某种文化的掘墓人，那就是一点也不懂这攻击是什么意思。他们根本想不到，能接触这种三星级的文化意味着多么巨大的不公——而这会给人什么样的无限的负疚感。对我来说，应该把全部这种黄金遗产贬值百分之五十，同时公平对待许多处在这种特权世界之外的人，那对我就是一种解放。

我相信，在这场斗争中，我在社会四处都有自己的同盟军，常常可能是自己也意识不到自己在这方面的价值观的人物，而对他们在现实中为什么工作就知道得更少了。我相信我们是通过自己还看不到的渠道而互相结盟的，简单来说就是不论我们如何努力都不**能**看到。可能我也是一个联络渠道的一部分，而在我这里上升或降低的流量和在某个政府机构或一个部里工作的我尚未知道的孪生兄弟那里的流量是同步的，是某个我总是很讨厌的那种拎着公文包的人，但实际上我们是无声的盟友，为了我们的视野之上的某个目标而合作。

我的秘密的孪生兄弟明白这里斧子砍伐的安慰人的声音吗？在我动手对付庄园的时候他是不是我的同谋？在有人鼓着腮帮子用号吹出"文化"这个词的时候，他是否也感到和我同样的羞耻感吗？对有人叫做文化的这种富丽堂皇的作假，他是否也感到和我同样的蔑视？因为不能在别的国家也形成像我们这个国家一样的精神气候，他是否感到和我同样的不可忍受的痛苦？甚至是因为在最简单的体面提出要求的时候也不能让其他人的货币贬值？

文化概念应该通过扩大而深化。我相信，这个过程因为文学的日渐憔悴和死亡已经大大地简化了。如果我不时还提到书籍，那么我请你不要在意——语言的记忆总是不断让人惊愕的。唯一可能的书当然是一本大致像我们的谈话这样发展起来的书，一个你很可能在到达中间并接近结束的时候就与开端失去联系的项目，根本不再理解你最初投入的是什么事情，但它还是一个作品，当一切其他的东西都从结合处松散而崩溃的时候，它倒可以由某个固执的声音保持下来，倒是由于一种不会背叛你的语言而成为可能，有点悖论的味道。

另一方面来看，一本普通的书——怎么会有人能完整地写出这样一本东西，甚至还能让它出版！这当然要求一种统一概括的眼光，还是作家、出版商、发行人或书店老板都不会有的眼光。

我完全可以想见，一个作家继续写作，是他对时代在我们的感官中留下的"文学"概念有更宽泛的理解。我自己就很可能这样写作。打字机和圆珠笔继续以作家迷恋的方式填满一张又一张纸，堆成越来越混乱的纸堆，还混杂着乱七八糟胡乱填写的报税单、警句格言的开头、随便涂写的报纸剪报、还没有写完的骂人的信件，填了一半的户口登记表格，还带有颤抖的铅笔画的椭圆框起来的罚金威胁。但是，如果这样一堆东西来到了出版商的桌子上，它怎么能够通过约稿人的评审、定稿讨论、编辑、排版、装帧、校对、印刷和装订等等程序，而没有落到劳工市场委员会的紧急案件处理人手里，或者是塞尔堡清洁公司的古董部，特别是出版商和他的职员自然常常与他们的实际活动失去联系，以为他们是在制造玻璃，或者从事城市拆迁的工作？但是，假设一本书真的通过了全部这个过程，我只说是假设，因为这个想法还是让人昏头昏脑的，那么这本书怎么能到达书店及其不同的分销点呢？而且这些书店还真被当作人们可以买到一件稀世珍品的地方？这本书自然也可能同样落到一个肉铺，那里的店员可以用切肉机把它切成薄片，还带着疑问的目光看着顾客，询问每片的厚度是否合适。是做三明治吗？一百克够了吗？

即使现在书籍已经属于历史属于过去，我还是有一种明确的感觉，我们要坚持这种困难的事业，要开计划会，分配写评阅报告的任务，安排好下午的工作日程。在图书的洪水变成一个正在干枯的水池之后，评论肯定还会长久地继续流动下去。是的，我完全相信，评论现在正有一个黄金时代，这个时候评论已经不再需要寻求一个常常是令人怀疑的外部动机了，而是能作为一门有自身条件的艺术出现。

此外，我并没有觉得，因为作家的书要消失了，作家们就已经从这个图景中消失了。不同种类的碎片，句子，长篇梗概，小说的开篇，都能在报刊上露面，而且作家在电视上也有更广泛的讲坛，在那里他们可以一会儿作为智者出现，对世界政治和心脏问题发表出人意料的看法，一会儿作为即兴表演的讲故事的人出现，能有不少分钟的时间可用，在开端已经蒸发之前就找到一个结尾。不过，人们现在能利用得上的，很可能更多是他们的个性，而较少是他们的虚构产品，特别是如果他们的外表很有特点的时候。天哪，在所有这些面对公众开放自己的、敢坦白自己可以想到的罪行的、竞相拿出全部心脏和肾脏的可耻希望的人物中间，作家倒是唯一能随意使用某种语言的人。自然不是全部作家，但有一批作家是。

在更传统的意义上的文学，我们没有理由去为之哀伤悲悼。我们自己不是长篇小说吗，要比《战争和和平》都大的长篇小说？

我母亲肯定是我最好的一部古典长篇小说的例证——但也是一部人们尝试去读它的时候就崩溃了的长篇小说。当我想她的时候，我自己就回到了少年时代。可能就是那个等级制度开始崩溃的时代前后，远远早于我自己卷入这个过程之前。而我母亲也是在瓦解之中，这和我也是有点关系的。她在家里是最有权力至高无上全能全才的——是这个光亮的薄纱和交织的绿色世界的创造者，**同时又是**惩罚者，不论你躲在什么储藏室里她都能找到你，而且无法收买贿赂，会切掉你的四肢让你变成一个更好的人——她已经开始崩溃了，而且崩溃下来的碎片会四散在厨房、走廊、书房和花园里，到处都是。医生对她这种病有一个名字，但我没办法去弄明白。无论如何，这种病显而易见具有精神病的性质，至少在我们这个部分的世界里传播着不安。这不是某个晚上在餐桌边上开始的吗？那时她的手离开了她，伸过桌布往父亲的方向摸过去。父亲眼瞪着这只手，同时决断地把餐巾折叠起来，然后他站起来，把椅子放回到桌子前一个过去从来不这样放置椅子的位置，然后就走开了。不是这样开始的吗？我有种感觉，我第一次开始记日记，就是从这次崩溃开始的，有那些情况的日期，有时是我们发现她的头发挂在父亲的"内阁"的门上，有时是她的心脏爬上了厨房的切菜板上。少见的事情是她比任何时候都漂亮，就在崩溃中像鲜花一样盛开。有个晚上我醒过来，感觉自己要窒息了，感觉到有些迷失方向的手指在我脸上和脖子上活动，几个少有的外形优美但是无能为力地孤独的手指，也不清楚是笨拙地爱抚，还是要掐死我的无益的尝试。用一种不太清楚的方式，我分享了她的部分的崩溃。或者是她只想把这种想法塞给我，做最后一次无能的努力，把我们称为抚养的那种负疚感的灌输硬塞给我，不是这样吗？我能多少精确地感觉到的，则是我对这些事件过程中的残酷性的厌烦和苦恼，是的，这确实是我唯一的像是一种记忆的感觉。而这会凝结在一种恶臭的气味里，又散发得到处都是。

我母亲是一个文本，试图告诉我什么的文本，用别的方式则是我无法去理解的。我相信这是和我们的社会有关系的，但是我搞不清楚是怎么有关系的。

最接近的解释，也是在政治家们的语言使用中得到很好支持的解释，自然就是我们在一个好母亲形象中来看待我们为之工作的社会。那时我对社会的调动周转考虑得并不太多，在一个资源收缩的时代，不管怎样，这已经成了一个越来越棘手的问题。而真正相关的自然是抚养下一代和安慰人的角色，这是最后的也是最重要的事情。社会是没有面目的，或者用最正确说法，社会是一个人人认得的母亲，把我们当作孩子给我们讲述那些正确的故事，教会我们用那种对这个大集体有益的方式去看——或者不去看——把真正的负疚感当作一种安全行船的压舱石放在我们心里，帮助我们既能忍耐幸福，又适度地零售悲伤，最后把我们有死亡重量的身体抱在她们的怀里，构成一幅让人感动的圣母怜子图。

是的，这可以算是最为接近的解释，但是忽略了这幅图画里不吉利的征兆——母亲事实上崩溃了。最正确的事情还是让这个要素带出社会里的另外一面，即日益增加的碎片化。这其实是我们不太愿意谈论的现象。感觉好像语言本身就在抵抗，不让人提起这件事。无论如何，对我这个报人来说，这必定还是一件基本的任务，要在让人炫目的繁荣中记录这种持续下去的崩溃。这样我又成为那个年轻的日记写作者了。

真正能够让我追踪到这种轨迹的是那种恶臭的气味。先前我怎么会去躲开它而没有记下来呢？其实臭味到处都有，也一直存在。可能就是这个原因，所以我们倒没有考虑到它。

我们可以在这种臭味中阅读。而我首先能理解的就是这个事件，或者更正确地说，我们在报纸工作的人能把社会崩溃中的那些特色变为一个事件。事件不正是我们这个时代最大的艺术体裁吗？这个体裁和人人都有关系，有不可比较的影响力，不是吗？有另外一种艺术容纳过如此多的戏剧性吗？哪个剧本有那么多动人和闹剧式的动作，有另外一个舞台能把观众带入发生的事件中到如此程度吗？有没有另外的创作性艺术能这么深地切入到社会之中，是的，主要就是切入到我们的生存条件里？

这种艺术体裁有巨大影响力的前提在于正大光明地开放。它涉及到我们真正的良知不安，这是永远耗不尽的民族资产，比我们脚下的矿脉和我们吸进肺里的充满新鲜雨水的针叶林空气还要有价值。如果没有这种一直不断微微作痛的犯罪感，会因为谋杀、强奸和伤残而呼喊，以便得到一个合理的犯罪动机解释，那我们的文化肯定就无法理解了。当然这场谋杀或现在说到的什么罪行并没有发生，至少没有在具体的形式上犯罪。我们把犯罪感翻转成了某种建设性的东西，尝试以各种方式为我们潜在的罪行赎罪——不光是我们自己的罪行，而且也是其他人的罪行。我们不安的良知有整个地球作为它的储藏室。

不过，正好是这一点使得事件成了一个让人解放的剧场。在这个剧场里，我们表演一出**可能**是我们自己的犯罪戏剧——犯罪感就证明了这一点——这出戏剧带着能安慰人而又痛苦的残酷无情向一个高潮发展，这个高潮最终能把另一个人按在我们的罪责上，还为我们自己提供了一个本来不配获得的呼吸空间。税务主任开设了一个专门收取私人税务的但同样是无情的收税所，内阁官员让自己一起玩保龄球的伙伴来处理具体事务一个月，只因为自己越来越可让人理解的请假缺勤，或者是出售了 750 个灵魂上天堂费用的金融家没有支付增值附加税——我们经历了所有这些揭露性和惩罚性的层面，为了最后从这个美妙的折磨人的过程中解放出来。

然而从另一方面来看，这个剧场又具备一种极有价值的净化作用。把另外一个人按在我们的罪责上，实际上是不应该让我们满足的。我们自己不是也需要惩罚吗——这是每个人的大学的一部分。但从这个角度看事件就是个安全阀。在这个王国，每个人随时随地都等着来自某个匿名政府机构的一项麻醉措施，或是等着来自某个无法触及的工业迂回而来的一个确认，说是很可惜你最近这段时间的空气和营养摄入量已经无可奈何地减少了；在这个王国，搬家的想法就会被某项税务阻止，而你每次去银行办事都会看到你的账户已经在中央银行被某种没有详细定义的改革利益清空了；在这个王国，事件就有了一种根本性的治疗的意义。每个人本来就需要所有这些来自不同的分散的政府机构的侵害。以他的智力来看他其实是同意这么干的。但是有一条痛苦的界限，而这里就有事件来介入了，让我们体会到这样的享受，能看到那些合法地折磨人的家伙中有一个被拖出来游街，忍受众人的嘲笑和咒骂，还在广场上被人脱光了衣服，一直脱到只剩下短裤，让他恐惧得屁滚尿流。这是多么让人狂喜的事情，每个月有一天可以亵渎神圣，可以鞭笞官府，而在其他二十九天里自己不得不忍受所有的侵害、所有的苦恼、所有的羞辱，而这还是强加在实际上是为了心灵安宁而需要付出的课税金之上的。

不过，在这种嘲笑中还是有一种虔诚的元素。滑稽可笑闹剧式的命运悲剧剧目的其实还是要唤醒我们并不很熟悉的高尚的看法，然后把它们打入肮脏的垃圾堆里去。这是一个打破规范的问题，那些规范和神圣有关系，和忠诚及责任有关系，和道德及荣誉有关系，但是嘲弄取笑的前提是这些规范还在原则上是被人尊重遵守的。自然，正因为如此，有权有势的还是会允许这种恶作剧。戏剧最终还是在把这些受到威胁的价值观念从污秽中提升起来，让它们继续存在下去，在观众的意识中有更大的光彩。

但是，在这里获取到的材料必须经过整理和组织。这样一种壮观的娱乐的前景呼唤着剧作指导、导演和照明师等等，他们既能提供舞台表演最大的效果，又能让保证其中的要点都到位。只有报刊能够管理有如此彻底社会功能的一次过程。我们既有办法用得上这个月的文档，又有艺术创作式的想象力，能在失忆留下的巨大空隙之间建起沟通的桥梁。

而读者在这场精彩的演出里是和我们保持一致的，这种演出的基础是读者能在保持距离而又隐秘地赞同之间切换，在强烈地反对和深深地参与之间交流。这种表演没有场灯，观众既是安排在观众席里同时又隐藏在演员中间，观众是我们秘密的同事，和舞台上其他人的区别在于不暴露自己，而要体会那种激动，能看到打击如何打过来——但是打到的是别人而不是自己。观众是一个无名的人，在我们的帮助下在舞台上制造事件，用他们隐秘的希望和暗藏的恐惧来制造。这种事件把创作的真正动力放在观众之中，由此自然而然也解释出无意识——性和死亡的渴望。这些对立的极端指定了这种事件的交换游戏：高与低、犯罪的灵感和被揭露的苦恼、食品和粪便、颂歌和诅咒、嘲笑和眼泪。节奏是快速的，在不同极端之间的切换是突然的，事件过程是令人欣喜的。这是一个酒神狂饮的事件，在一两个小时之内就能毁灭一个神，为了是再次重申他的法律。

人们从这样盛大的表演中带走的是内心合唱队的更多声音，我们有点笨拙地称之为良心。一个这种类型的剧场能够提供没有一个布道台曾经成功地提供的东西。

只有一种怀疑还折磨我让我痛苦，就是说当权者用这样或那样的方式悄悄潜入了我们的行动中。这个事件**可能**会是一种当局把他们的自己人抛出来的表演游戏，可能是个对领导人的利益有害的某个精神脆弱的人或者一个意识形态上的跛子。在这种情况下，他们抛出一个可怜虫做牺牲品，为的是把规范当作王牌打出来，而那个可怜虫作为规范的代表是过分笨拙了。人们安排了一场弱者的剧场，目的是要加强当权者的力量。政治的风险其实人们一点也不承担。要想让这种事件影响一次大选，自然是不可想象的。到了已经进入大选投票站的时候，人人就会连丑闻的味道都忘记了。

也存在着报纸本身以这样的方式变成权力工具的危险——这是正在崩溃的国家机器和一个正发生的章节交叉的十字路口上——当报纸以为自己能嗅出或觉察到好吃的东西，以为可能搞成戏剧成为一个事件的时候。可能这个猎物就是一个小心地布置在你门外的腐肉，在我们用我们的按部就班嗅觉灵敏的猎狗找到那个要揭露的对象的时候，可能是当权者在这个或那个住处庆祝胜利。但我还是不太相信这种可能性。一个这样的陷阱的前提是对很多天的情况有概览，而在中央省份随便什么地方你都不会得到。没有人可以今天给我们扔出一块腐肉，第二天就能很高兴地看到我们掉入陷阱里去；因为他自己早忘记了他的阴谋诡计了。此外，信息的碎片太分散了，无法拉出一个这样互相关联的设计。不对，我们嗅出来的罪行当然是临时发生的，完全是无意暴露的缺陷，能让我们在这个既在崩溃同时依然残酷无情的社会中一瞬间看到这些难以理解的上下文关联。在这个社会肌体里，它发出的放射性光线全是呻吟和奢侈，无力的解体，腐朽肉欲的热情。

对于报纸来说，完全独立自由地面对我们叫做权力的这种庞大混乱现象，自然是一个我们的生命条件。谁要是怀疑我们提出的问题和结论都是受一个不可捉摸的当局操控，那完全是我们不能忍受的。我说"不可捉摸"，因为这个奇怪的权力——自然也是善于强调他们无权——总是在什么别的地方，就是不在你的眼睛盯住的地方。如果你想盯住一个社会民主党的内阁大员，或者一个总工会的大佬，他肯定早已经搬出去了，而且消失在瑞典雇主协会的大楼里，或者某个董事会的会议室里。如果你把目光盯住一个有领导地位的企业主身上，他已经像条狗一样偷偷溜进了内阁大楼前厅的某条走廊里，或者是趴在工人运动领袖的膝盖上去了。权力是一种既模糊不清同时又肌肉发达的矛盾系统，同时又是一个能用精神病医生的权威性说话的精神分裂症患者，一个社会主义的干部级别制度，出现在一种精心制作的宽大的条纹西服里。只有个别的时候，你能看到这种奇怪地共生的生物——如政府制定某个项目的时候，为的是让经济生活最终能在控制之下，股票交易市场能够用砰砰开启的香槟酒软木塞来做出回应。

我肯定费了特别的力气去调查报纸背后业主的情况。看来我在这方面也并不很聪明。我们能靠嗅觉准确无误地找出了这个月的恶棍，不管他是躲藏在这个国家机器的什么地方得到保护，但是我们没有工具来搞清楚谁在资助我们的屏幕和印刷机，谁实际上是拥有我们的老板。通过这个或那个鬼影公司而占有我们报纸大部分股票的人其实能够秘密地让人不知不觉把我们的镜头弄脏，或者在我们耳朵里塞进几个节拍的警笛歌曲。我们能做的事情只是提高警惕，不要被人往这个或那个方向指挥。不论是谁，自以为能随意支配我们，我愿意让他知道，我们不是随便什么指示或命令都接受的。

在不小的范围内，我的自由会要求我处在所有的政治方位——只能从内部出发来考验某一种观点。这意味着下一步我怎么走是不能预见的。没人知道他会在什么地方找到我。实际上——就在所有那些变来变去的政治忠诚宣誓中——我自然是个无政府主义者。我不为任何人服务。但是我愿意知道我是针对谁或者针对什么，我要指出我拒绝听从。

让权力变得如此不忠也会背叛人的，是权力本身悬挂在无力无权但也是善意的花朵一样的东西上。在这里面并不需要有任何特别的不名誉的事情。权力很可能幻想着它是在做另外的事情，有另外的任务，而不是他们的马靴**事实上**正围着转的事情。也就是说权力也在误解的天空之下工作。我甚至相信，最大的误解就是权力对自己的性质的解释。它相信自己的意图也是具有神圣性的。他们就是**不能**看到自己的僵硬面孔。

报纸并没有这样的权力。它是一个检验的机构，大拇指戳在这个国家机器的薄弱点，又是一个助产士，其任务是帮助一个新的章节出生。而近视到眼睛都看不清的俗世的权力是根本完不成这种任务的。就在社会建筑里识别出裂缝而言，权力是非常愿意去做的——权力自然要巩固自己：他们设立一个调查机构来检查另一机构的问题，而另一机构又去审查第三个机构的问题，以此类推。但是这些调查者其实是一队盲人，后面的人手搭着前面的人的肩膀排列起来，眼睛朝向雷声隆隆的云团，嘴唇因为在焦急之中尝试表示歉意而微笑得扭曲起来。最后的人依然料想不到会发生什么事，而比较靠前的人脚步摇摇晃晃，感觉到队伍的抽动，因为领头的人发现前面有一条生活中会意外出现的路沟。

不，权力是不会自己看到自己的崩溃的。很可能也不会明白那股臭味。

但是为什么我们没有一起崩溃呢，就像母亲一度崩溃那样？病症我们每个人身上都有。其实我相信，我们是用我们的目光来互相扶持在一起。肯定有一只手时而会松开而不由自主地向希望的方向游离过去。肯定有一个心脏时而会敢于在笨拙地靠近别人时偏出去几十公分。但是，不管怎样我们在很大程度上是聚集在一起的。我们是互相帮助地聚集在各自的眼睛里活着。而我刚才说到的表演自然加强了这些目光攫取人的力量。这个集体不是构成了非常好的支持吗？

我的爱情是和这种事件一个类型吗？在我的四肢里吼叫、在我的下身里疼痛的这种思念，是否也是和壮观的公开演出是结合在一起的呢？而这演出也是在词语和图画的狂欢仪式中展示并毁灭着神性，最后留给观众一种他们有点熟悉而且也并非不愿意接受的教训。我对此有种麻酥酥的感觉，但是我也无法证明这是真的。好像我们的爱情在所有人的眼睛里扩展出去，而对那种想捕捉它的文字写作则太强烈了：像团火焰一样蔓延过纸上，慢慢让它变黑，但是却没有起火。

我并不真正理解这种公众洞察力的味道中的痛苦。就程序上来说，我是很开放的，也相信，如果报纸能对每个只想把个人生活保留给自己的人都扬起眉毛来做出反应。好像我们并不全都互相拥有！可能我还没有在教堂集会上为我自己布道宣讲这种开放的证词，但是我也必须按照我显然学到的方式来生活，这是不言而喻的事情。这是不是对我的信念的考验？

对我的感觉最接近事实的解释是，是那些八卦杂志在迫害我们。这是**她**非常难以忍受的。我认为我知道她是个很敏感的人。我能在我自己右手掌里的皮肤上感觉到这一点，感觉到一种谨慎，同时也是一种倾听。我的手指尖对她那种神经质的敏感是非常熟悉的，那就好像刺鱼群在她的皮肤下面一会儿移到这里一会儿移到那里。我的食指已经习惯于按摩掉她因为紧张而出现的头痛，在她眼睛侧后的深陷的太阳穴上轻轻按摩。我能明白，她无法忍受强加在她身上的个人身份号码，这个小小的流言蜚语传播者在所有情况下都会出卖她。她迫切希望的是隐姓埋名。

我们的爱情肯定对她是一种折磨。在那个临时幽会的旅店外面的每个灌木丛都可能是一个化了妆的记者，而打扫清洁的女工也是一个……不，我真是变俗气了。世界本来是以一种远为精细的方式出现的。"爱情属于公众，但肯定被人做了非常糟糕的解释"——我一定在什么地方写

85

下过这句话；它有我的语言的味道。但是这种公众性自然是横穿过墙壁登堂入室的。它在我们短暂相会的卧室里也能找到，还配备了摄影师、舞台监督和灯光师等等，还有一堆好奇的人挤进来，为了能挤到前面看热闹而互相推推搡搡，爬到别人头上，不仅为了窥视到我们激动的内脏，还能跟我们一起表演，既是当观众同时又是当演员，准备让自己的欲望和自己的恐惧都能在一阵床单的旋舞和人声呐喊中得到形象体现，还很有兴致来导演我们的动作，为我们的陶醉找到形式。

而且我们不是立刻注意到他们的。我们毫无知觉，还在床上半米高的地方飘飘然飞翔。不受打扰地，我在她弯曲的嘴唇之间还能听到微弱的呜咽啜泣声。这时我们突然看到了他们，一群好色而性冲动的窥淫狂，好几个爬到床上来包围住我们。只在半意识的状态，他们试图即兴表演我们的爱情，把我们拉入他们毫不动情的纵欲和直截了当的残酷游戏中。

她尖叫了一声，把脸埋入胳膊之下，身体蜷缩成子宫里胎儿的样子：不愿意出生。一个失望的观众居然敢用他的手指来摸我收缩的肢体。但是我们也在收缩！我们缩减成了某个周刊页面上黑点构成的一个被捕捉的图案。而我们的爱情削减成一个坚如岩石的标题，我们的警惕已经被假装的信任突破，放进了我们的嘴里。

有没有什么孤独，就像现在处在一群摄影师中间那样巨大？有没有什么隐姓埋名比这个从滚动的印刷机里倾泻出来的有名还不可救药？读者可以从我们的污秽绯闻中拿到的正是这安慰他们的道德。

问题仅仅在于，能让公众对我们的爱情感兴趣的到底是什么？我几乎不为人所知，不那么有名，足以让人在周刊小报上散布绯闻。**她**会不会是个名人呢？也许是一个当红的女演员，或者一个颇受欢迎的钢琴家？也许她是另外一个男人的老婆，是我从一个有口皆碑但是又不够警惕的男人那里抢过来的老婆？但是其实没人可以保留自己的丑闻超过几个小时，在任何情况下仍然下一期就发表。我愿意相信，周刊小报是胡乱把面子和生命碎片扔出来的，而他们坚信，这样的揭露能给人留下这样的印象，即他们翻阅通读的是名人轶事。在这种情况下他们的算计当然是完全正确的。

不过，为什么是我们呢？为什么他们用鼻子嗅到的是我们呢？我不相信我的想象为我描绘的这幅事件图像的有效性。周刊小报的框架与她颤抖的身体里的恐惧不相称。愤怒，当然是有的，但不是这样的恐惧，好像有人用枪托砸破大门破门而入。这和她对人口身份号码的厌恶也是不相称的。这是我都会对之产生疑问的一种厌恶。天哪，在她胳膊上的那些数字残迹也不该是什么可以让她不安的事情吧，这些数字事实上让社会更容易为每个人提供他或她应该得到的东西。但是她总是在胳膊上洗了又洗，好像这些可怜的数字会引得人类最黑暗角落里的魔鬼都来找她。

个人身份号码！是我没有立刻看到其中的关联！这当然是涉及到了我们生活中存在的社会深谋远虑。它在这里是一瞬间公开显示的，让我们明白它连接到我们的心脏、太阳穴和性器官的精细电缆，甚至让我们朦胧看见它是如何蹑手蹑脚地钻进我们的床里，去查看软件的收集。为了建设性的咨询，为了足够的税收，它必须确切地知道你在什么时候，跟谁睡觉，以及睡得怎么样。

我必须承认，我在这点上是非常分裂的。对我来说，对我们的生活的这种社会关怀的洞察只是我赞同的美好集体性的一个方面。而会让我感到恼火的是缺少专业性——也没人知道一个社会治疗学家昨天是干什么的。对于他们处理有关我们的个人信息时的随意性和缺少精确性我也是非常不满的。他们一刻不停地追踪数据，对体温、血压、邻居状况、肌肉紧张度、付款意愿、生殖器液体分泌等的每一点小小变化都要追踪，那是一回事情。但是他们没有能力处理洪水般涌来的材料，反而一会儿把你的年终税务预报放进了邻居的信箱，一会儿因为某个陌生人的喝啤酒习惯而把你弄得道德破产，那就是另外一回事情了。

从另一方面来看，他们对私人生活的洞察本身并没有让我觉得麻烦。其中折磨我的是我的太太不得不付出的代价。她有太多出自过去的图片在头脑里燃烧。在她眼中，那些有点过度热心的调查者改换了形象，成了穿着军服的一队士兵，他们把刚下车到了月台上的人筛选分类：孩子们、老人和病人分到左边，有劳动能力的分到右边。她洗了又洗的胳膊上的号码其实是"神示天书"，这魔鬼般的字迹在说逃亡是没有意义的。但就在恐惧中，她也想保持自己脆弱的气节。她不能忍受陌生人自作主张来捉摸她的情感，或是社会关怀的谨慎发展的王国认为他们有合法权利来窥视她的每个腺体，每个动机。在我看来，我认为所有的大门都可以敞开。她则要求有一扇门是毫无客气地关起来的。我有一半的我认为她是有道理的。

谈到我对公众机器的亲密性和污秽之事的熟悉性的看法，我的分裂就又回来了。我自己在这点上是比较倾向于放纵的，特别是当我用枪的准星发现有些威胁我们的东西的时候。我现在明白了，是来自省政府的一个侦察班和我们在一起，在床单之间是他们的窃笑和发烫的脸。在我的随着我爱人肩膀皮肤移动的手掌里，我能感到一个实习医生微微颤抖的拳头里的汗水。而我沿着她骨盆亲吻的嘴唇向肚脐方向移去的时候，却被一个护士发痒的笑声阻挡。这张床突然乱成一团，有人讪笑有人拥抱，还有洒出来的咖啡，还有人用伸出的胖脚试图把床单的温暖拉向自己。这种半带肉欲，半带诊断意义的混杂游戏——或者说这些参与游戏的观众从这精彩演出中带来的洞见，没有一刻会让我感到麻烦。他们本来就是为了来帮助我们的。

但是在这种争论中只有我的一半在说话。而我的另一半则感觉到她，这个对我来说比我自己的生命还更加重要的人，她在遭罪。这些意外到来的触摸诊断，这些从半空中出现的有点过分洞悉你内心的目光，都让她感到痛苦。但是，什么是**他们**知道而我不知道的呢？我在一刹那间明白了这些来自省政府的床友是为何而来的。有一个时刻他们举着她的肺叶对着光亮看，那是一对磨损得不成样子的碎抹布，有着可怕的大洞。我像是被麻醉一样，而料想到抓住她的那一章黑色历史；集中营简易牢房里的咳嗽声在这个房间里回响。但是让她恐惧的好像不是这些来自过去的抚摸者。我确实需要保护她，对抗的则是那些无菌而困惑的手指尖，是从我们安全的现在中向她伸过去的。而她宁可远离，也不愿意接受这种公众性的慈善。

我得承认她是对的，虽然我不情愿这样做——同时也感觉到围绕着我的目光都绷紧起来。好像我的身上有一个叛徒。现在我真的需要你给我出点主意了。你是应该能明白的。

但是你沉默不语。我固执地盯着你的眼球看，但是不能让它们固定不动。而我就在自己的舌头上能感到你的距离，我可以明白你错误解释了我刚才说的话。我不认为你是嘲讽我——你还不至于那么完美吧——但你误解了我。

在所有的误解里，这是最残酷的——是赤裸裸不披这词语外衣的。你只是在一种距离里面感觉到，而这种距离是和刑讯逼供的台子联系在一起的。而从来不会有什么复审判决或者一种能够抗辩的指控。我准备说服你，但是不知道我要说服你的是什么。

你到底想要什么呢？你的冷酷无情的沉默的有什么目的呢？可能你连这些问题都误解了。可能在这个蒸汽和恶意的王国里的法律导致了我说的每个字都被扭曲，成了我自己都想不到的什么东西。

你心里想到的大概是这种误解本身就和我预想的属于完全不同的种类。我一直在说话，好像地狱也被完全歪曲了。从这个看法出发，我把周围的这些蒸汽里的人物都看成了我的刽子手，他们唯一的目的就是折磨我。在这种解释里当然有一定的合理性。这种误解可能是对自大的一种惩罚，意味着一直要保持年轻的看法，一直要保持真正的看法。在这样的不间断的更新里，有一种显而易见的随意性，正好能为这种误解打下基础，成为无期的惩罚。这是文体上的朴素性对我诚实地争取真实的努力所做的反应。

我现在才想到，我可能对一种更加糟糕的自命不凡是负有责任的。在这个越来越成为一个表示无穷无尽的符号的桑拿浴室里，我已经随随便便地就把周围的人降低成了我自己个人戏剧里的跑龙套的角色。不管怎么样，我从他们的表情上能看出他们自己也是在受罪的。我怎么过去就没有注意到这一点呢？难道就在我说的这场文化革命中间我就让我自己成了一个自命的贵族？

但**他们**的地狱是在哪里呢？好像真正的地狱不是被人误解，而是去误解人？

我注意到其他人挪得离我近了些。蒸汽好像变得更加浓密，整个圈子也更加紧凑。好像我被迫终于要看清楚什么东西，我开始变得能成熟地对待的东西。但是我还是不能把握。如果是这种情况，那**我**会误解的是什么？那些围着我坐着的面孔？我的和报纸的工作内容？或者是我和这个唯一的确实与我息息相关的人的关系？我觉得我已经说过了，我自己在这个误解圈子里可能是同谋者，或许还是中心人物——无论如何，这是一个非常意外非常令人讨厌的想法，意外和讨厌到了让我被恶心征服的程度……

译注：

此章中提到的瑞典社会民主党和总工会（LO）属于左派，而瑞典雇主协会（SAF）属于右派。"神示天书"（mene tekel）是一犹太典籍里的传说，传古犹太贝尔沙扎王（Belshazzar）宫殿墙上突然出现一人手写下的文字，预言王国末日到来。

不好意思，你能原谅就原谅我吧。实际上我想只是弄在地板上。我没看到有什么溅出来的东西落到了你腿上。而且也没多少，你瞧，就只是一点发绿的酸水。我好久没吃什么东西了。好了。现在都擦干净了。希望你别在意，就让这个桶放在这里吧，我觉得还是恶心，我不能保证就过去了。

你有没有注意我们周围这些面孔的变化？好像他们都觉得不管怎么样我还是能给他们一点希望的。他们可不能指望太多。我还是难以相信，这种误解是出在我身上。

你听见刚才那些话吗，是右边上面那个老母牛说的。信口开河说我的报纸是历史博物馆着火的幕后黑手。而且这还不够，还说：在人家打开失忆大门的那个晚上我们就参与了。你听见了，这是一个病人的胡思乱想。让人毛骨悚然的是，好像在这些蒸汽里还有人支持她，不是从这里就是从那里都有人附和。

我甚至不知道有这么一个博物馆存在。要是真有这样的博物馆，我会感到羞愧，我的脚从来没跨进那个地方。但是烧掉这个该死的地方！好吧，这么一种姿态本身来说大概还有一点道理。在这个国家，大多数的措施都是不同的象征性行动。你想恳求一种需要投入完全不同知识和热情的现实缓和下来，这种尝试没有用，徒劳无益。在政治的语境里——在那里人们的注意力是放在每天下午的民意调查结果——那么这种仪式性的请求就足够了。但对报纸来说，责任具有一个完全不同的地位和尊严。当然这不妨碍这一姿态本身不计代价。这姿态实际上除了本身之外还是显示意义的。

我一点都不难想象这个场景。火焰在那可怕的仿哥德式房顶上熊熊燃烧，铁皮烧得卷了起来，瓦片也在热气里掀翻。消防员上不去，在旁边跌跌撞撞地走动，在那些空的汽油桶中间，而管子也并没有接到系统上。在那些粉碎的窗户背后，你能瞥见那些已经砍伐得光光的世纪的很多面孔，因为被驱赶出各自世纪的外壳而焦急万分。他们成功地释放出来的东西中间，有一个是两腿分开坐在那里的屁股宽大的国王，黄铜的牌子上写的是古斯塔夫·瓦萨。

我隐约想到，正是他成功地让我们这个国家从所谓的欧罗巴洲摆脱出来。这真不坏。但是我不喜欢他那种农民的夹子，对我眨着眼睛表示赞同和默契。至于他们好不容易拖出来的其他垃圾，那些滥竽充数的将军，还有好几百米腐烂生苔的篱笆，还不如和羊群咩咩叫唤的牧场以及那些穿着来自1848年的高级时装举办的宴会一起烧成灰烬。

我自然和这场大火毫无关系。不过我也不愿意否认这个壮观的场景让我精神为之一振，欢欣鼓舞。我走得那么近，眼睛都流出眼泪来了，我也不知不觉，显然是在狂热和恍惚中一次又一次拍手抚掌：我活着，我活着！这无论如何是我们这个时代的一个大日子！

但是，从那里打开了种族灭绝的大门！而且还不止这一切，要加上对这种破坏性事业中自我虐待式的激动有一点黏糊糊的讽刺。把鸡毛变成了母鸡，或当成了令箭，这自然是我对既成体制缺少虔诚，那体制就是我们古老的庄园地产。在这种情况下，一件最简单正当的事情，就是拿把斧子去对付花园里所有那些腐烂的树根。但是这和高高兴兴非常享受地自我虐待没有什么关系。对于我也是所有这些的一部分，我只能感到不可忍受的羞耻。这里也没有任何东西有权力对我们提出什么要求，没有任何东西在此时此地会和我们有什么关系。

也许这是最折磨人的误解，不在于人们误解了我们对于一种古老的特权文化的攻击，我们对一种有阶级意识的病态历史的清算，而在于人们把我和死者的关系摆到这样一种歪曲的灯光下去亮相。其实是我的对手想通过绘制他们已经崩溃的帝国而且使其殖民化来贬低和奴役那些死去的人。我欢迎那些死去的人到我们的现在来，作为平等的人对我们说话，卸下和我们才有关系的事情，是我们活在现在，活在当下。

还有多少垂死者我没访问过，就为了关心他们崩溃中的见解，把它挽救到我们的时代中来！质问我的人肯定看不到这些，而只看到了这里面的野心和贪婪，好像我受诱惑的就是那终局到来之前几天的最初的微弱尸臭。可是我的兴趣全都热情地投入在事实本身。作为一个人的生存，正是在最后一刻才有了内容。整个她的生活都包容在她死亡的那个瞬间。是在最后的那些词语中，你可以读到全部的生活，正是从最后的那些困难的呼吸中，可以讲述出一个人的生活。我感觉到，就像是我不能逃避的任务，我要尽可能地保存这些人的命运。因此，这也是我的义务，要访问所有这些死者的灵床，拯救所有这些以一个结局标题开始的人生故事中的某几个故事。

当我这么说的时候，一次这样的访问正在我内心的眼睛里具体化。别把它叫做记忆图像——这比记忆图像有大得多的有效性。我坐在一个隔离病房里，坐在我的老朋友的病床旁边，他鼻子里插着软管，胳膊上正在打点滴，正与那很快要来夺走他的死亡作斗争。我们的谈话完全是围绕事实而简洁明确的。我们远离所有那些日常的词句，远离陈词滥调；没时间顾及所谓的礼节。谈话在几秒钟之后就转到了玻璃般透明的话题，我们超越一切触摸试探和面具而直接相遇。这个正在死去的人一看到我，而且明白时间是那么晚，恐惧感就透过了全身，这当然只增加这次谈话的合法性。他注意到，已经再也没有时间逃避和保留自己的看法不说了。于是我们互相说话，也是平生第一次。每个他从嘴唇间费尽力气吐出的耳语般的词，都在创造他现在才开始过的生活的一个片段。

为什么我坐在他床边的时候会感到幸福？我不是更应该感到惊恐吗，惊恐于这憔悴得骨瘦如柴名副其实是在饿死的身体，惊恐于这裸露的青筋，惊恐于这老山羊一样的身体，惊恐于那些无形的刽子手正慢慢把他的断头斧更深地切入到这个人的喉头。但美妙的是这个人可以如此控制自己的死亡，可以如此和自己的病痛作伴，好像病痛是一个可以独自玩而不愿意结束的牌戏，还可以如此用病痛来自娱自乐，把死神当作日常生活的一部分，就像把死神误当成很像一个护理人员，而这个护理员在认出我是谁的时候有点害羞困惑地停留在门口。等我最后离开这张毫无重量的病床时，我带走的是一个更加真实的声音，一张更有效合法的脸，一个更热的心脏，远胜过我之前只是借用的声音、脸和心脏。现在我带走的是他的生活。这可以说是一种生命移植。我不仅被看到了，承认了，我就是原来的我，而且还得到一件他拥有的最珍贵的礼物——他突然存在的生活，而且他，不用一个词，请我讲述。

我有一种耻辱感，感觉在我对他的批评中从来不是确实公正的。也许我没有把他放在一个值得更有深度的分析的书架上，在这个书架上你会找到最好的工具书，小心地找到那些确实伟大的闪光的词汇。非常简单，就是他和我站得太近了。他写的那些文字，应该是我自己写的。或者更确切地说，因为他是超越了语言的：他构建了那些实际上应该属于我的沉默。这让我在写到他的时候有点羞怯不安，或许还有点咄咄逼人。一种倒置的腐败，让我变得不公正了。

我想，今天我可以这样说，在我们这个纬度上，他是我们这个时代的伟大作家。他没有一次受到用笔在纸上写作的诱惑，却能讲出我们这个时代没有言辞的痛苦，还有一些共谋者的"拒绝服务"。他的沉默，肯定可以填满三四个实实在在的空间，能捕捉在当代无法表达但依然不断在我们头脑里思考琢磨的一切。就是他，能在思维的流动中找到那些正确的停顿、那些能说明问题的中断还有那些精确的抽动。他是属于沉默的伟大诗人。我想我知道沉默是我们这个时代文学的主线。但是这个死者，我能自豪地称为朋友的人，比任何其他人都更有征服力，能制订出所有方面的这种沉默。他的诗歌具有一个长长系列的信件的形式而从来没有写下来过，但是又能寄送出去，还能带来无情的清楚看法，具有别处都没有的诚实和安静。

在这些沉默的页面上打开的世界是个终极世界。在一首诗歌里面被人亲吻到毁坏的圣像那就真是被人亲吻到毁坏了。已经没有一点点银子或者色彩剩下，也没有一点金底的显示，甚至没有一点裸露的木材的痕迹。在另外一首诗里，穿越月光下的夜晚盘绕而出的白色道路已经不是道路，而且也没有了月光和夜晚。这已超越一切亮光，超越一切黑暗。如果有过一个声音存在，那么这个声音细薄如丝缥缈不定，这个声音也有那么一种搜寻东西的负压力，所有其他声音都会被吸入到这个声音里面。但是这首诗歌是超越所有声音的。它属于沉默，是伟大而压倒一切的诗歌。而它是现在才开始出现的。

他最伟大之处可能是作为爱情诗人。我相信，沉默在声调上和音量上有变换，但是对象则始终是同一个，是一个既没死去也不是活着的女人，却是不可回避的。他本来能够用他的诗歌来强迫她出来亮相，让人可以看见，但是他的艺术是用沉默来构成的。正因为如此，她出于自愿地来了，唯一的条件是没有任何人的目光固定在她身上。而他尊重她的意愿。她频繁紧密地出现在每个收回的词中，在每行沉默的字中，明显是痛苦的，但是没有一次是让你看得见的。

我与这个死者的会见和我关于他说的话，可以宣告我无罪，免除刚才那些荒唐的指控。就算有什么事，我也是这个死者的辩护者。但是，我也能清楚地看到，在我这种困难的境地里，他这个人的图像也是给我的一个讯息。问题在于什么讯息。

我自己的生活也在开始一个最后的章节。在这里面嘲笑我的那些人把那些荒诞的死亡讣告拼凑到我头上，讣告里面无论如何还是包括了我这个故事的开端。就当我现在真的在地狱里，这些质问我的人就是审判我的法官和行刑的刽子手——实际上谁都不具备干这种差使的任何能力，他们得到这个任务的唯一长处就是他们的粗野，他们的残忍，他们对真理和人的价值缺乏尊重——那我无论如何还是可以从他们的错误判决和不公正的罪名中推断出他们判决的我的生活，那种生活必定是我的。在这些弱智的结论里，在为我写下的悲惨的结局里，我可以开始这个真实的故事，这个故事就是我的生活。

我注意到你对我讲的事情是不相信的。你的意思是说我逃避屈服让步，有关我在一个死者灵床边的角色，我说的其实完全是另外的完全不同的事情，一些我退缩而不敢提出来的事情，是不是？你到底想说什么呢？报纸？报纸和我跟死者的交往有什么关系呢？你不会愿意说报纸也在送灵的队伍里吧。报纸充满了太多生命力，我在这种情况下是没法把你的话当真的。

只要瞧瞧上边这个女人就行了，她坐在那里翻阅今天出版的报纸——瞧她读报读得多开心惬意！她翻得很慢，充分地享受，好像她是沉溺在情人的亲热抚摸中了。她年纪会有多大？四十？正在碎片化之中而有些微胖，健康的皮肤分散在身体表面。她的发式可以帮助你确定她的位置——可能是一个社会工作者、护士长或者中学老师。你瞧吧：她撕下了一页文章，折叠起来，保存起来准备重新再学习。大概是想结合到她的个人发展计划里去吧。

我注意到你并不赞同我对这种情形的解释。你的闷闷不乐的沉默是在说，没人会在桑拿浴室里读报纸。我得承认，在这里的蒸汽里，什么都难以看得特别清楚，每项证言都有点麻烦。我还可以承认，我以为是报纸的，实际上更像是一块浴巾。特别是她拿来擦肩膀的时候更像。

你就是不让步啊。你认为我只是说了一半真话就止步不前了。可你见他妈的鬼到底想要说什么？你这是否认总还有几份报纸存在吧。那你就明显错了。这和我在身体里感到的整个动力是对立的。天哪，我觉得我们正好处在严重的计划阶段的中间，我注意到我的胳膊都麻木了，这是因为我在办公布前坐得实在太久了，我一直听见脑后有不停的电话铃声。我们不是很快要——

你是想迫使我得出结果来，说说这只穿通了的手固执地要证明什么，用它搏动的血管和张开的洞口来证明，也是用它的生而同时用它的死来证明。确实我们仍然是在我们的活动半途，我们做的可能是几天的计划，而我们为明天这期而紧张地工作。但同样迫切的问题，你的意思是，报纸也完蛋了，被消灭了，就像文学一样。

我基本上可以理解你。办一份报纸也是风险事业，要想成功，就需要越来越多的小时的统揽全局的概观。电视是能够不间断地播送节目，白天黑夜都可以播出，可以用完全不同的方式转发道听途说的花边新闻和小道消息，可以即兴娱乐搞笑，都来不及忘记他们在干什么，特别是节目主持人多半时间是在谈他们自己，因此他们在工作中有一种比较靠得住的连续性。但我只是说，我基本上可以理解。我的感官则说的是另外的事。它们拒绝相信，我，还有我们报纸，已经不要再出去接触到公众了。也许更正确地说：我的感官知道，即使在按照你的清醒冷静的逻辑我们不能接触到他们的时候，我们也可以接触到公众。

对我来说，其结果已经完全清楚无疑。我要坚持我的说法，即使我可能就像那个日本士兵，一直还在继续他的世界大战，继续了一个十年又一个十年。我可以看见他站在我面前，在那个迟来的缴枪投降的时刻，还不情愿地举着双手，一个独特的新单词。但是**我**是不会投降的。我们在我的报纸的人是不会投降的。

报刊在我们这个时代有不同的可能性，这也是反驳你那种忧虑的说法的。报纸为我们提供了对纯文学和那种已经不再可能进行的研究的一种补偿。记者在几个小时里还来得及构述一个他能用得上的现成故事，也来得及把软盘插到报纸生产的过程中去，而不会等到心不在焉抓住他的时候。

这里的好处完全在于记者不受作家或者科学家投入的工作里限制其有效性的那些约束，记者可以不管这些。诗人的责任只是对自己或对自己可能有的看法，而科学家要听从的限于他从属的那个科学界，也是他与之分享价值观和评判标准的科学团体。他们中间没有任何人需要把自己的忠诚首先对着一个大社会，对着我们所有人为之服务，或者应该服务的那个巨大的良心。他们也往往被自己可笑的野心奴役，还想对那个普世的图书馆有所贡献。他们希望能把自己的著作压进他们称为"历史"的某些书架，为自己也劫持到一点能堆积上灰尘的不朽。记者可不会追求这样的名利虚荣。记者用的词语无疑是收存在报纸档案里的，而绝对不是为了保留历史——去年的事情已经陈旧不新鲜了，对我们对现在已经没什么可说的了。报纸的档案其实不是什么记忆，而是坟墓，是一个同事们的敬意所选择的一个终点站，而不是选择了碎纸机。

不，报纸属于当下。报纸帮助我们看到的正是当下。报纸在几份钟内把它摄取的影像压向包围着我们的混乱，在一瞬间内送出概览的感觉，提供行动自由和责任。

报纸讲述的事情创造了一种我们不能缺少的合理性。围绕我们的大量的提出要求的目光就能清晰可见了。同时一个绝望的读者就可以暂时体验到她以为她已失去的优越和独立。就是在这缺少氧气的空间她也能呼吸，而白色的道路也在出现，完全是通往不同的方向。既有一个供紧急出入的铁门，也有一个自由的缝隙——道德的所在地。

一种有这样的功能的词语艺术是不能沉默的，最不能让它哑口无言，因为它背对着历史。我相信我能够说明，情况相反，我其实是那些死者的律师。是的，不仅如此：我料想，此时此刻我整个生活围绕着的事情就是一场斗争，要把我的所爱拉出那个种族灭绝的王国，帮助她进入我们的存在。

就好像我用歌声让她从黑暗中升起。是不是因此我也看不到她的面孔？我可以听见她吱吱作响的关节如何在活动，我可以听见她萎缩了的肺叶如何费力地呼吸空气。但是她的面孔我却看不见。

你要让我明白的就是这一点吗——我失去了她，这唯一我真爱的人已经离开我而死去？是不是因此她只是一半在这里？**我**跪在一个看来有高大窗户而阳光明亮的大房间里。**她**站在一个灰烬和蜡烛变黑的营房里朝我弯下腰来。难道我从来不能促使她多访问我，而不只是半次？

但是她是不会死的！她是如此活生生的，以致我的心脏都在加倍跳动。是她让我明白，我依然还是一个比较年轻的人，尽管身上带有全部让人上当的年老特征。我的骨瘦如柴的脚，我的青筋裸露而且长满棕色斑点的手，这些都只是让你迷路的痕迹。我和她其实一样年轻，她在朝我走来，就在她一边说不的时候。光洁的皮肤是完全能征服人的：在我下跪的地方，当她朝我弯下腰来的时候，来自一棵点燃的树的燃烧的樱桃花就朝我倾泻而下，我被彻底击垮。

但这张我辨别不清楚的神圣的面孔是冷酷无情的。她不会理解我为什么要如此折磨她。她唯一的希望是再远远地返回到那个可以让她解放的黑暗中去，而我的词语把她保留在这里的无意义之中。我举着一只手伸向那些过分耀眼的恶龙，我伸进那些燃烧的樱桃花的那只手负载着太多罪责而变得如此沉重，以致沿着她的肩膀、她的手臂沉了下去——直到她晃动着甩掉它。但是我的词语不退让。它们再三说服她，好像我们又一次上路，穿越那个狭窄弯曲的走道，走出这结冰的黑色王国。

这时她提起这件宽大的衣服，好像是一件灰色条纹的睡裙，还让它掉落在我身上，于是我就被包裹在这睡裙里面，和她滚热的皮肤在一起，屏蔽开了她冷若冰霜的轻轻耳语：不，不，不。

所以，我必须一次又一次地尝试把她引出那过去的黑暗，一次又一次地引诱她去看在黑色的阳光里还有闪烁的东西，诱惑她的干缩的胃至少在一分钟内变成一个饕餮，强迫她进入一瞬间的自由。

也许是我迷了路不知道该往哪里走了。也许是她和我被岁月和距离永远地分开了。但是即使一个绝望的奥尔甫斯也不会让这种让人心碎的事实阻挡他的路。就是在遥远的距离中也有一种诱惑。斯特林堡在他秘密的日记里谈到的不就是这点吗？他出逃的妻子在他能到达的距离之外，但是靠手里拿着她的照片，他引诱她重新开放，而他能在远距离占有她，让她重新怀孕。这个无赖称之为灵魂的斗争，真有病。

我从远距离去接近她，就像无线电信号和燃烧的电视图像一样流过她。我的手抓住她已经热气蒸腾的带有细毛的后颈，我的嘴唇轻轻地触碰她早已松弛而血管搏动着的脖子。一切都已失去，但同时又是强烈而明显可见的，上唇还有一点汗珠，正在放松，放弃了说不。

实际上，我和读者的关系也就是这样的。他们是在一个有距离的地方，我只能在思想中建立一个跨越这个距离的桥梁。我在几十公里之外的地方测量出他们的抗拒，试验我应该用哪个词。但是正是在遥远距离外我能让他们的感官燃烧起来。正是在遥远距离外我要用我的歌声来引诱他们，让他们强烈体验他们从未遇到过的事情，记忆住他们从来没有看到过的事情——为的是能让他们从此在心里带上我们共同的价值观念。一场灵魂的斗争？不，这不是什么强奸民意的问题。这是一种善的诱惑，我自己放松，也帮助他们放松，放松掉所有阻止他们找到自己的障碍。

这也不是一个单独处理的问题。我要用词语来表达的自然是属于大家的精神。归根结底，正是这种精神使得那些饥饿的感官丰富起来。

我注意到，当我把这种远距离的诱惑变成眼下的事情的时候，我肯定就紧张起来了。眼睛感觉就像是两个木头弹丸，要爆破掉它们的眼膜，几乎要从眼眶里弹出来；脸皮绷紧，就好像那些人体解剖图里包在头颅之外的干硬红色的肌肉束；手指抓着这个长凳，直到它们变白，几乎无法再次伸直。瞧这里，它们看上去就这样的！我用这些僵硬的爪子去夹住木板边缘，而眼睛却是看着很远的地方，所有感觉也都在很远的地方。

这种紧张让我害怕。好像我是在这个女人最不愿意的时候强迫她。这是让我深为陌生的场景。我的思想和行为不会错到这种地步吧？

误解也许是真正的地狱。我们不是已经谈过这个问题了吗？但是在这种情况下，我不该误解的是什么呢？

不，误解的前提是缺少敏锐的听觉——在这点上我已经是无罪的——再结合一点仓促的咄咄逼人的态度，而这根本不属于我的弱点。好像是在每个规规矩矩的解释后面都游荡着某种不明确的蔑视？蔑视什么？也许就是在这点上过去的历史就会出场发生作用？不过，如果是这种情况的话，那指控就不是针对我的。我确实不蔑视那些死者！相反，我邀请了他们出来，是的，我说服她们到我们的当下来寻求庇护，分享我的面包和我的床。我愿意给这些难民我的语言，借给她们我的眼睛。

但是，**她们是否愿意借给我她们的眼睛呢？**而且还会带上她们全部的语境。早就失去的意志或许也能带着，可以解释活着的事情。好像她们这些死者知道到底什么事情搞错了。她们拉着历史到来，要医治误解。胡说八道！对于这样一种介入，我要说不！那些死者可以把自己保留在事实上相当慷慨的商数之内。

我们无论如何还得选择我们的当下。

译注：

本节中"拒绝服务"本是拉丁语 non serviam，表示拒绝在天国为上帝服务，现常被政治家和文化人士转用，表示拒绝为权势服务。俄尔甫斯（Orfeus）为古希腊神话中的诗人和歌手，善于弹奏竖琴。其妻欧律迪克被毒蛇咬伤而死，绝望的俄氏追至阴间，奏琴感动冥王，允其将妻子带回人间，条件是在路上不得回顾。将近地面时，俄氏忍不住回头看妻子是否跟随，导致其妻重坠阴间。

可是这个当下变得实在狭窄连说话都很费力了。好像我是被夹在一个虎头钳上，而有人又多拧了一圈。同时，足够吊诡的是在这里面的我的刽子手似乎更加被动。他们的工作是否被什么我看不见的人接过去了？这是非常奇怪的。反对我的意见和其中的声音的力量都受到了抑制，这是毫无疑问的。我相信，人们开始对我的辩解有了印象。我不再感觉到有同样的敌意包围着我，尽管对我的骨架和惊惧沮丧的灵魂的压力前所未有地更加糟糕。但是我渴望我真的能战胜我的诽谤者，我能把他们拉进我也算一部分的这个共同体——自然你也是其中的一部分。我没有告诉你吗，我的本性是一个引诱者？我愿意把他们引诱过来，包括那个看不见的刽子手。我愿意听见他们加入进来，还轻轻哼唱狂喜的歌。我愿意——拯救他们。

是什么样的卑贱把这个词放在我嘴里？"拯救"——它能让人感动得浑身震颤，以致我都要义愤填膺。这是暗示我身上也有一种布道说教的气质，是一种能让我愤怒的想法。

慢慢我才明白了这种现在对我提出要求的事物关联。我能清楚地看到他，以致我问自己是否你也一定看到了他。那边，躺在最下面的长凳上，他是我想象的父亲，好像是他们刚刚把他抬进来，因为他摔倒在铁路那边的草丛里了。在痛苦之中他还要尝试模仿我的样子。不是我的手他压在自己的心口上吗？不是我的眼睛他努力睁大，要做一个主题为"怜悯"的布道演讲？

人们叨叨咕咕的布道师就在那里啊。就是在死亡中他也散发硫磺的气味，是他地狱的烧糊味道的布道剩下的残余，让人回忆起所有那些在教堂长椅上前后摇晃的人，动作越来越大，在上升的悲楚和狂喜之中，直到他们在一声叫喊中张开双臂，用所有天堂的舌头开始说话，一种无穷无尽的具体主义的诗歌，会在咖啡和小麦面包的香气中慢慢地消退。他的脸充满悲伤，开始像一个熟透了的水果那样开裂。这自然是他为刚失去的生命而悲伤。可能他也是为了损失了一个儿子而悲伤，他本来是希望这个儿子能接替他的事业，继承他的信仰，解读他的布道，帮助整个教区的教众创造出那个绿色而闪光的地球，也是"词语"设置在视野中的地球。是的，我认为他梦想着在教堂中间的通道里前后走动，手臂还搭在那个年轻人的肩膀上，正在陈述下一百年的智慧的政策。

看上去他是个让人熟悉得感到奇怪的人。但是我还是必须小心。我不记得有关我的背景我告诉了你什么，但是我们前面的这个人肯定和我的名字是对不上的——这点我是可以证明的，就用手腕上的这个标记。我的家庭当然可能在乡下有过自己的家，不过，如果是这样的话，那更应该是个庄园，而不是这个灰色的农舍，那和这里的这个老头子倒是很配得上的，一个这么严肃的农舍，甚至避开了那种有罪的红漆颜色。也许我父亲是一种托尔斯泰式的人物吧，在他人生的秋天里受到宗教忧郁症的折磨，放弃了所有事业的雄心，只在自己的地产上为贫农的孩子们开设了一个主日学校，只到乡村小道上漫游，做一个外行的布道士，最后被人找到的时候气息奄奄，死在一个堤坝上的杂草堆里？或者是我把我的出身也完全搞错了？弗莱色完全可能是一个士兵的名字，来自一个军人可以很容易为自己换到一个农民教堂成灯笼的时代。或者这完全是一个陌生人，是我的敌人悄悄塞给我的一个连累人的父亲，他们试图让我的严肃讯息被人怀疑？我其实已经放弃了每个确定的身份，因此这类问题已经无法搞明白了。或许我的对手就是利用其中最真实的情况，利用我身上最无懈可击的地方，为的是真正击中我的要害。

无论如何，这个假定的父亲在想抓住我，好像是他希望我能继续告诫在这个小教区教众里的兄弟姐妹们，要互相照顾，在互相关注的眼神里继续生活，在堕落中互相扶持，阻挡住那些要掉入撒旦世界的人——所有这些都不是用苦涩的词汇，不是用手指狠狠地掐你，而是用充满爱情可又无情的目光，是你闭着眼睛都能明白的。我要继续领导这场人们在里面动来动去粗暴地嘟嘟哝哝的谈话，好像是它就是人要呼吸的空气，是人要在里面翻看"经典"的光线。我要成为那些徘徊的灵魂的绝对的牧者。而我特别要专心尽力办好主日学校。

他就是不给我任何选择。当这种醒悟传遍全世界而且道路终于也向人类的迟钝感官揭示出来的时候，没有人会原谅那个还把眼睛紧紧闭上的人。非我族类者皆焚烧于活地狱。

他就这样明明白白地躺在我的面前，以至于我能够把手放在他的胸口，要是他不曾布道宣讲过大爱之人不可互相触摸我就那么做了。因为献身精神而拍打的手会知道它该拍打的位置。那是古老的农民社会的古训。剪刀总是放在手边的，也是一点生锈的记忆。我手上的刀痕还有脸颊上的伤疤是一种抚养孩子细心周到的痕迹，而这可能就是他的细心周到。

他就躺在我前面几米的地方，但是一个不能用折尺来测量的距离，而是用心脏的尺寸。这是一个暴君，一个受虐狂，会从裤子上抽出皮带来抽打孩子，实际却是惩罚自己，也是一个感到羞愧的男人，因为他刚刚享用过桦树上的光彩，或是为了壁炉里火焰噼里啪啦作响而高兴，一个每天都会惩罚自己的男人，就因为他不是一个那个失去的儿子。

这个死者在我的词语里扭转身体，用一个烈士的目光来寻找我。但是我不会让自己因为他的流血的目光而受骗上当。当他觉得他在我这里有了一笔丰厚的抵押的时候，我刚才看到了他眼里那一点胜利的目光。是用什么方式它会在我这里占有什么呢？

我掉转我的面孔，收回我的目光。我承认我就在自己的怀疑之中我曾经是很高兴见到他的，而现在我感到羞愧我已经见过他了。我能从他那里继承的一切也就是这种良心的歉疚，现在也把我从他那里离开，我继承的也是那种深深的负罪感，是我作为自己的唯一财产带在身边的。

但是我还没有和他的目光算清账呢。可能我在那里看到的不是胜利而是失望，是那个被人当作诈骗犯而拉拢的人的绝望，他还徒劳地试图让别人明白他的错误。我是不是把他完全搞错了？他的眼睛还是睁开的，但是开始变干了：就像溅洒在一个炉台上的蛋白那样硬化了。而且它们把"布道士"这个词送回给我——收件人不详。我盯了一眼他下巴上的又长又黄的细毛，那里还挂着一点血迹。他是谁？我什么都不明白。

这种情况暗示的是，我可能就是人们说的一个上帝的子孙——围绕在我脖子上的典雅的花环就是一个世俗化的布道士的胡须。但是在我的见识里，在我的语言里，真有什么东西能导致往这种疯狂方向的想法吗？是不是我对宗教的敌意也有一点点信仰的光辉？我为理性价值的辩护是否也有点卖宗教小册子的人的那种动人的味道？我非常难以相信这一点。是不是很简单，就因为我的敌人需要一个代表性的人物，一个大众媒体的替罪羊，可以把性质互相矛盾的东西堆到这个人头上，而他们临时能抓住的这个人正好在这里坐在他们中间？

据我看，那个他们认为和我有传承关系的神是无关紧要的，就像被浪潮冲上了沙滩的鲸鱼尸体一样，尺寸超大而又溃烂成了肉泥。就是十个大主教也无法再把它铲到一起。这是一个神在像癌症一样的境地中分解，不过自然也是以一种完全不同的顺序：到处都是残余物，就像掉落在地的钱币一样闪光，包括我们这个桑拿浴室里的地板上，而在外面就在大街上滚动，在河流上旋转，在光与失忆的风暴里飞舞。有的时候也许你能辨别出一个结构的碎片，几个手指头，一两根肋骨，一个毁坏了的念头，而你抓住它们的时候，就好像抓住了被你忘记而已经融化了的冰激凌。一股突然的恶臭就会在你周围震颤。尽管如此每个部分都比什么祭坛圣像上能看到的还要更美丽，更辉煌。就是一个盖格辐射粒子计数器也得紧张而不停劈劈啪啪作响。

不，我父亲的神，或者说我所谓的父亲的神，已经被驱散了。我不愿意说死了，因为这些你可以到处找到的残余物还是涉及到某种软体动物的可塑形状。但是被驱散了，被剥夺了，也不相干了。相反，你可以注意到，信仰还存在，还从未有过地强大和不可理喻，但是没有目标，是一种自由飞翔的信仰，寻找着一块可以落脚之地。

于是报纸就变得很重要了。报纸可以关注这种信仰的一切，可以给信仰提供方向和内容，让集体的光芒在圣经之光所在的地方穿破云层而射出，可以为良好的愿望提供一个俗世的出身，构建理性的理论来坚持到底。一句话，就是个世俗的信仰。

我理解你在想什么——我无非是用《教理问答》代替《教理问答》。不管怎样你还是不懂。

报纸代替了教会的位置，这是有一种非常特殊的意义的。报纸每天早上把我们带出去，进入一个不合理的世界，有时甚至是毫无意义而残酷大屠杀，惊天动地的冤狱和不公，无耻至极的侵害和暴行。我们对所有这些事情的自然反应是一种激愤的抗议，在初始的情况下是一种和这些罪行屏蔽开的愿望，不忍目睹，不忍耳闻，"我再也听不下去"，而在好一点的情况下是一种神圣的愤怒感，一种强烈的需要，要干预这哀鸿遍野的世界，要介入这遍地的冤狱和不公。但是所有这一切都是完全混乱不堪的。你可以从哪里开始？你甚至看不清楚这到底是怎么回事情。

报纸能做的事情就是让道路在没有道路的地方出现，让地理的片段建立起来，至少让某种模式能够收到谴责，即使它是无法搞清楚的模式。我和我的同事针对那种混乱的图像会把我们的对立图像压上去，强迫它给出忧郁不快的信息。突然间，在那些刚才还只有乱七八糟的线条和污点的地方，现在就有可能看到一点事物的关联。而所有人同时看着同样的事情——这是对这幅图画的有效合理合法的美妙证明。最后，一种快乐的看法就会向我们流来，如潺潺流水，告诉我们报纸帮助人们对付每时每刻威胁着我们的混乱。它的最基本任务就是：把我们拯救出地狱，拯救出困惑的局面，拯救出我们身处的雾霾和荒凉。

但是，这种看法，这种对概况的一瞥，只是前提，任务是更重要的——这任务就是等待良好的意愿。我说的就是创造。我要试试进一步说明。

想象出来的造物主的残余依然在街道和海湾里兴风作浪，但是已经完全失去了人们的注意。也许他确实曾经一度为这个世界绘制过一幅图纸，然后在使人惊恐的、可能还是讽刺意味的距离上跟随这幅图，看它如何一步一步地具体成形。在这种情况下，他没有看到的是这种发展还包括了他自己的崩溃。还剩下的他自己的碎片已经缺少了干预的能力，即使他自己的原则允许他这样做也是无济于事的。

我们不像那个神一样沿着阴沟搅和烂泥，也不像是海鸟一样叫唤的天使飞来飞去追踪每一页随风飘散的报纸，以为那就是一页被扔掉的图纸，我们取代了他们的位置，承担起继续创造的责任。就在这里报纸获得了它最基本的任务。只有报纸会负责让这幅修正过的建设图纸上的线条一步一步地转变成现实。

这样做会要求对竞争的项目有一定的不宽容，这点我当然不否认。在《樱桃园》里的最后一幕是怎样的？当树已经砍倒，整个庄园大部分已经拆毁，老人已经死在了门房里，舞台上还留着崩溃了的庄园的甜味，这个新时代的人——里尼欣，他不是叫这个名字吗？不管怎么说吧，就是那个唇上有威武军人的大胡子而下巴上有一撮山羊胡子的人，他站在那个掉下来的水晶吊灯的碎片中间，挥舞着要在这里建立的一个新郊区的图纸，他怎么还能够欢迎那个喝得醉醺醺的学生拿出**他的**还带酒气的乱七八糟的城市规划图，或者怎么会有耐心容忍这个老女主人也说三道四发表高见，如何让早先的财产分配也能在新的城市规划中提出来讨论？天知道，你一次只能建立一个城市，多了不行，那些迷惑人的城市规划图你千万不能久留。要不然你还有什么办法呢？

但严格性是虚幻的。最终，不是来自外部的要求能算数，在我们的演出之内不是。戒律是每个人记在自己心里的。这个学生和柳波芙·安德烈耶夫娜都是痛苦不堪地站在黑暗中，站在各自的一个孤独的小圆光点里——一个是迷醉在虚无主义的荒凉里，而另一个是中了历史的毒害——他们最终会对这个新的房主做一件共同的事情。他们在内心里已经听到了很多人窃窃私语，这希尔在计划中的这个郊区夜不能寐辗转反侧。而柳波芙的脸色越来越亮。她小心地尝试一种笑容，好像这是第一次这样笑。他们都会放弃他们保留的想法，让他们堕入一个集体，还带着自由解放的一声叫喊。为他们的结合是不需要任何刺刀的，而在其他的演出里可能是需要的。

不，这里有戒律潜藏在每个人的心里。报纸可以唤醒你而且向你呼吁，但是忠诚、最终的服从还是每个人的自由选择。

大众媒体就以这种方式进入基督教或者现在涉及到的某种宗教留下的空间。报纸自然不能放弃那些迷路的人，而必须在他们被人背叛的地方把他们带走，关注那些还在他们的骨头里和后脑勺里闪着微光的路德新教或儒家思想残余，催促他们走入理性的方向。在信仰存在的地方——我相信这种无家可归的信仰流传很广，要比你料想的广大得多——这种信仰就会连接到这项好的计划里，你不会允许它滑进天文学、萨满教和足球彩票的魔术里去。

我知道。这个无家可归的信仰也有黑暗的一面，会让我感到惊慌。对于能从燃烧的树中说话的，或者能突然从云中伸出一只惩罚人的手来的，人会感到恐惧和尊敬，这是非常古老的情形，而有一种冲动同样古老，也同样非理性地具有古风，这种冲动就是要把那种飞逃的乌鸦或水上开放的花能写出名字的人献祭，就是要按照好像权势者要求的那样把亲属按到石刀下面，就是要追猎那个在不吉利的情况下被放在神圣集体之外的人并且把他撕成碎片。这个更加黑暗的不请自来的兄弟加入了那种古老的贡献，那正是我们在当下欢迎的。对替罪羊的神圣的迫害，不经意间正好由那个有很多面孔的人来执行，或者在数秒里散发出被钉在十字架上的那个人的味道，而这种迫害正好横穿大众媒体而过——而我也阻挡不住。人们煽动起对这个单独选中的人的攻击，说他可以承担很多人的罪责，可以接受自虐的惩罚——牺牲者必须是一个走路摇摇晃晃的金融家或是一个潜在的专杀女孩子的凶手——这种煽动一直继续着，好像千年都是在这几小时内活动，不受欢迎也无法摆脱。

我想我曾经说过**这件事情**是可以当作我们的大事的，而这种仪式般的狩猎会以某种方式否决掉我说过的一切。煽动攻击个别人不过是在一个非常初级的层次上。它可以搬上舞台演出，而不用像那种酒神教育的文本所要求的那样需要什么组织、规划和协调。你的意思是说我们已经到那个地步了吗？作为体裁的这件事情纯粹从管理角度来说已经超越到我们的头上，而迅速放弃的仪式祭祀就是我们对付的事情？

这么说你的出发点就是我们的时间限制是在几个小时之内。一个晚报的记者嗅到最初的一点猎物气味；也许这只是在风里的不安的抽一抽鼻子，因为有一点吃不准而呲呲牙齿。早报则有时间抓住这种不安，以为自己已经搞到了一个名字，扔出几个说法来试试反应。可能性还暧昧不明的说法就给一个方向，要寻找根据。而就同一天下午，大批的就来了，不用冒什么别人抢在前面的风险而得到更大的一块猎物。吠叫可以变得越来越毫无顾忌随心所欲。要分辨判断已经太晚了，要调查研究也太晚了。这古老的仪式已经开始，土地已经开始呼唤血腥。没有一个人再有更多责任；每一种残酷都是在无意识的合作信号中发生。但是如果狩猎仪式是在集体的狂欢中达到高潮，那么它会在空虚中，在困惑中，在口干舌燥中结束，人都突然变成了孤独的个人。

是啊，我知道。我知道在这个至关重要的时刻一个主编的责任是什么。但是，在几分钟内，呐喊还是比我要强大得多，我能做的一切就是洗我的两只手。无论如何，我可以保持距离。

这种信仰，也就是世俗化信仰，看来总是带着黑暗的一面。或许这是我们必须付出的代价。

但是你要迫使我在这个崩溃的模式里看到更多的东西。好像你对我提出的折磨人的问号并不满意，这些问号涉及到我们真的执行一次能当作这件大事的演出的资源。

而你要质疑的是我们到底有什么可能性。你能分辨判断的是什么呢？是不是报刊也像上帝一样在解体之中？我们已经说过这件事了。我也已经给你看过令人信服的迹象，说明报纸还有生命力。

不过，让我们出于讨论问题的方便，就先算你是对的吧。这也不会对问题有什么改变。就算是报纸也在衰落，是，就是一个停办的报纸也可以把这个伟大的计划继续执行下去。图纸已经有了，至少碎片还在，还留在很多人的脑子里，还在继续呼唤着要变成现实。我也相信，一种脆弱的沟通还是存在的，即使没有报纸的页面再传递这方面的信息。我相信，在我们的媒介蒸发掉的那一天之后，这些信号还能长久继续。当我坐在这里的长凳上，确实集中我的注意力，我就能清楚地感觉到我的读者如何理解我的词语，即使是在几十公里之外。我还依然是一个引诱者。

而且我能同样清晰地感觉到，她作为我的开始也作为我的结束，如何能在多年的间隔外理解我的想法。不管怎样我们可以一起完成**我们的**创作中这一个碎片般的章节。

但我有一种非常不快的感觉，我和你的谈话是不成功的。你是不是已经在这里待得变硬了，所以我的话都从你的皮肤上滑走了？我也许都不是你听过的第一个人。也许你已经得到了足够多的一部分悲惨，以至于你都麻木不仁了。

或者是你站在他们那一边，你更相信那些敌意的错误解释，而不是相信我的说明？也许你还是一个犹大，我怎么能知道？你在我身上嗅到了猎物气味，然后把所有法利赛人和古罗马税务官都带进这里来煽动他们攻击我。

本来其实是你把我引诱到这场谈话中来的，把我暴露给我的刽子手。我自己可以坐在这里的蒸汽里一万年也不说话，看着远处，脑袋里流动出来的信号也越来越弱。可是你引诱我说话，让我越来越深地卷入到这种纠缠不清的误解之中。就在我以为我摆脱出来的时候，却发现我实际上陷得更深，从未有过的麻烦。我还自以为把你说服了，而现在我有一种恶心的感觉，我上当受骗了，其实是**你引诱了我**。实际上你和我的价值观是完全不一样的。你是什么呢……**局外人**。你诱骗我进入一种对话，在对话中我把自己的很大部分都放弃了，成了另外一个人，不是原来我想象的我了。你骗我进入了一个词汇的网络，也许这是最大的最可怕的误解。

我只是不理解，我怎么会落到这个地方，任何东西在这里都会变样，成为另外的东西。我搜寻一种可能我自己一度有过的看法，但是我只找到琐细的失忆。误解自然和这种失忆有关系，失忆转向我的可能就是这一面。缺少一个框架可能为错误的判断提供基础，而缺少语境使得语言本身也成为错误可能性的仓库。我就是不懂，**我**是在什么地方进入了这幅图画。我或者我的报纸和失忆到底有什么关系呢？

我知道：你的意思是说，我是一个牺牲品，不仅因为其他人的误解，而且也是因为我自己的误解。这让我想起来，我们过去曾经是在里面的。但是到底是什么事情**我**误解了呢？

我能料想到你是想达到什么目的！如果这个圈子里的条件能让从我嘴里说出来的一切都被歪曲，被解释为完全和我的本意不同的东西，那么我在报纸专栏上的良好教义会变成什么呢？或者说，整个报纸的事业会成为什么呢？从我嘴里吐出来的就成了一种唯一的冗长的魔鬼布道，从我们报纸的印刷机上滚滚流出的就成了一种偶然的思想灌输，而灌输的东西和我们编辑部的人心里想的完全不是一码事。人们责备我们的所有这些荒诞无稽的事情，从封杀那些毫无关系的作家到点火烧毁历史博物馆等等，很可能正是荒诞地颠倒歪曲我们的真实信息。而我看不到这里面的任何关联。

最严重的误解可能就是我自己的误解。

你讨论问题的方式暴露出一种我原先没有预见到的攻击性。其他人当然显示出一种恶意，然而他们把我的特点重新揉搓一番也就满意了。而你呢，先假装你很感兴趣很参与，然后不打招呼就把我的脸整个抓破。难道你失去了理智吗？

但是，你暗示的事情只要有一点点道理，就足够让我的血冻结起来了。我完全可能引起了我自己完全没想到的伤害……

不，你没有看到，事情如果是这样一种状态就能为我免除罪名！如果世界秩序颠倒错乱——或者至少是地方秩序规则荒谬无理——它们会让最虔诚的启蒙教育也被人当作砍头刑具和绞肉轮上的叫喊声，那么就不是说话的人是有罪的了。

是啊，你的沉默在说，如果他是误解的不知不觉的鼓动者之一，如果他事实上也分享了失忆——

在这点上我无法为自己辩护，因为我什么也记不住。但是在这个身体里，你能在这个桑拿浴室的高温之中抖落掉寒气的身体里，无论如何还有善良的一点冰凉碎片！我意图是诚实的。从我的头颅里发出的信号可能是和我以为自己发出的完全两样，不过它们并不强迫任何人，也从来没有强迫过人。我只想帮助我的读者自己选择，从来没有过别的意图。我是作为一个年长而更加成熟的兄弟。

你只会沉默不语，用那种特别的样子保持沉默，那意思就是坚决不相信。你在我身上到底看到了什么魔鬼！你是受到刚才这个死人的影响吗？如果你现在也怀疑我，那你就把螺丝拧得太紧了。你没有权力来质疑我的好意。

你肯定是在找什么我曾经写过的什么文章——有关那个古老的神祇，在蒸汽里飞翔在那正成形的创造物之上，却没有注意他正在建立什么样的独裁暴政，他又是如何充满关爱地把自由的灵魂安排到这个正在形成的世界上独立地生长，却没有注意到他们如何依附在他的每个想法上，追踪他的每个怪念头，为的是在光明闪亮的同一瞬间能让这个念头满足——而实际上他自己又如何期待这种服从！这是权力对自己的误解。你是把这种误解也归因于我吗？那你就是我的敌人，我诅咒你。你用我本来想用在压迫者身上的发光的武器来砍我的背。那我对你就没有别的可说只有蔑视，一种没有边际的蔑视。

我是不是伤害了你？要是这样，会让我感到高兴，因为那就说明我错了，你不是和我的敌人一伙的。

你不会躲避开吧？我再也感觉不到你的温暖了，感觉不到你的呼吸如何不时地吹送到我的脸上。

你要走吗？我注意到了，因为我突然难以说话了。等一等。我肯定你误解我了。你不要把我的话那么当真。我有时候会跑题，不过那也没多大关系。我很愿意再回到正题来。承认我的辩论对手是对的，这会让我很高兴。你在听我说吗？我在摸长凳上你刚才坐的地方，这个地方冷多了，是另外一种潮湿。好像是一个活人留下的。

我还是相信你能听见我说话，因为我还能说。我恳切地请你留下。你一定是背叛我了，我想没有人像你这样背叛我，但是我不能没有你。我需要你靠近我，我需要能摸到你的皮肤，能感觉到我的话在你倾听中就有了意义。别走开啊。我连你的背叛都是需要的。你需要留在这里，让我的愤怒都变得真实。

别走。

但是，我感觉到你又远离了一两步。一个偷偷溜走的诈骗犯，只留下了你的背叛。好吧，那你就滚吧。带上我对你的蔑视。其实你不可能真的离开我。没什么关系：随便你，你要站起来走开是你的自由。不过现在你身上有了和我说话之后的伤疤，这些伤疤会长久地发痒。我会继续在你身上嘟嘟哝哝说个不停，悄悄地对你说话，没有声音，所以你都不会注意你的话改变了颜色，你的脚步也改变了方向。我会让你看到你想不到的地方。

那就走吧。

译注：

本节中《教理问答》，瑞典文 katekesen，英文 catechism，为一种简明的基督教传道读物。"法利赛人"（瑞典文 Fariséerna，英文 Pharisees）为古代以色列的犹太教派之一，主张纯粹和出世的生活。

译者后记：地狱就是被误解

《误解》是埃斯普马克长篇小说系列《失忆的年代》第二部，是整个系列失忆主题的一次变奏。在结构上它和前一部《失忆》相同，是通过主角"我"在一个固定地点向着"你"滔滔不绝地说话构成的，依然是语言流式的节奏。只不过在《误解》中，这个"我"换成了一家报纸的主编，地点换成了在北欧至今还能见到的男女同浴的桑拿浴室。在蒸腾的热气中除了"我"和"你"，还有些看不清面目的人物。仅此而已。这很像独幕话剧的场景。

和《失忆》一样，《误解》并没有一般小说意义上的故事情节和性格丰满的人物，没有供读者可跟随的故事线索和逻辑，或者说其逻辑就是失忆的逻辑：失忆造成了人的思维没有了前后关联，只有感觉的碎片，只有思想的碎片，只有图像的碎片。存在的只是说话声。正如作者写到的，在这个书籍将很快属于过去的时代，"唯一可能的书当然是一本大致像我们的谈话这样发展起来的书，一个你很可能在到达中间并接近结束的时候就与开端失去联系的项目，根本不再理解你最初投入的是什么事情，但它还是一个作品，当一切其他的东西都从结合处松散而崩溃的时候，它倒可以由某个固执的声音保持下来，倒是由于一种不会背叛你的语言而成为可能，有点悖论的味道。"

在我看来，阅读不同的小说，就如喝不同的茶，也有不同的目的和功能。有的人喝茶只为解渴，有的人喝茶是为了品茗。有的人只需要用嘴喝，而有人的需要动用嗅闻观赏各个感官，甚至还要用头脑。想消遣娱乐打发时光的人，想寻求刺激满足欲望的人，肯定不会喜欢读《失忆》或《误解》这样的小说。这样的小说不是解渴的大碗茶，也不是一般待客的时茗，而是独家配置需要细细品味的特饮，所以需要品味者本身对茶艺茶道有一定的修养。

换句话说，阅读这样的小说，需要高度的知识性和互文性。比如小说多次提到契科夫的话剧《樱桃园》，读者如果不知道那部剧作，就无法理解小说提到的斧子砍树的意义。再如小说里提到那位弹钢琴的诗人，声称音乐中有自由存在而不用向皇帝交税，这自然是暗指瑞典诗人特朗斯特罗默及其诗作《快板》。再如当读者读到"人从来不会跨入同一个女人两次",请勿以为译者用错了动词"跨入",因为这是从一个希腊古谚"人从来不会跨入同一条河流两次"演变过来的。

事实上,本文中提到的某些事件,在瑞典文化生活中都是实有其事,甚至可以对号入座。例如有关中国山村的报告自然是指瑞典左派作家缪道尔的报告。再如在某宴会上的争吵,甚至将肉酱倒在对方的身上,本是某位瑞典院士的杰作。但是,正如作者所说,小说本身虽然针对瑞典社会,提到的很多问题在整个世界都可能是有效的。有关对传统和创新的不同态度,有关保守和开放之争,有关信仰和教条,有关权力对于媒体的利用和干涉,而"权力也在误解的天空之下",作者都有些精彩的文字论说,像散金碎玉分布全篇,也常常让我在翻译中联想到中文语境,这些思想火花能让某些黑暗的角落忽然被照亮。

《误解》的主题就是"地狱就是被误解"(22页),它也互文呼应着萨特存在主义的名言"他人即地狱"。这让人联想起多年前在中国流行的一个口号"理解万岁"。任何"万岁"都是不可能的,这个口号反证的倒是误解的地狱实际上到处存在,而人们已经无法解脱。

再次感谢作者埃斯普马克先生、瑞典汉学家马悦然先生和陈安娜在翻译中对我提供的帮助。

万 之

2013 年 1 月 31 日

作者简介

谢尔·埃斯普马克（Kjell Espmark，1930— ）是瑞典著名作家、诗人、文学评论家、文学教授，曾担任斯德哥尔摩大学文学院院长，现为评选诺贝尔文学奖的瑞典学院终身院士，并多次出任其中五院士组成的评选委员会主席。除长篇小说系列《遗忘的年代》外，还出版有长篇小说《伏尔泰的旅程》、诗集十一本和文学评论集多本，其中包括介绍瑞典的诺贝尔文学奖得奖诗人马丁松的传记《大师马丁松》和专门介绍诺贝尔文学奖评奖原则的专著《诺贝尔文学奖：选择标准的探讨》（此著作曾有李之义的中译本出版，名为《诺贝尔文学奖内幕》，漓江出版社）。此外，中文还出版有诗集《黑银河》（李笠翻译，春风文艺出版社）。埃斯普马克还获得多项瑞典和国际的重要文学奖项，包括瑞典贝尔曼文学奖、特朗斯特罗默文学奖和意大利德尼诺文学奖及卡皮罗文学奖。

译者简介

万之，本名陈迈平（1952— ）为长期居住瑞典的中文作家、文学编辑和翻译家。著有小说集《十三岁的足球》、文学评论集《诺贝尔文学奖传奇》及译著《阿尼阿拉号》（瑞典诗人马丁松作）和《航空信》（瑞典诗人特朗斯特罗默与美国诗人布莱通信集）等。曾担任《今天》文学杂志编辑。

图书在版编目（CIP）数据

误解／（瑞典）埃斯普马克（Espmark，Z.）著；万
之译.——上海：上海人民出版社，2013
（失忆的年代）
书名原文：Missförstandet
ISBN 978 - 7 - 208 - 11289 - 6

Ⅰ.①误… Ⅱ.①埃…②万… Ⅲ.①长篇小说一瑞
典-现代 Ⅳ.①I532.45

中国版本图书馆CIP数据核字（2013）第040093号

MISSFÖRSTANDET

© KJELL ESPMARK 1989
ISBN 91-1-300698-3
1989年瑞典北方出版社（Norstedts）第一版
Thanks for the Support from Swedish Arts Council

出品

出 品 人 邵 敏
责任编辑 邵 敏
封面装帧 王小阳工作室

———————————————

误解
［瑞典］谢尔·埃斯普马克著
万之译

———————————————

出 版 世纪出版集团 上海 人民出版社 出版
　　　　 （200001 上海福建中路193号 www.ewen.cc）
出 品 世纪出版股份有限公司上海世纪文睿文化传播分公司
发 行 世纪出版集团发行中心发行
字 数 65 000
ISBN 978 - 7 - 208 - 11289 - 6/I·1 102

www.ingramcontent.com/pod-product-compliance
Lightning Source LLC
Chambersburg PA
CBHW070158100426
42743CB00013B/2965